〈女帝〉の日本史

原 武史 Hara Takeshi

NHK出版新書
529

〈女帝〉の日本史　目次

序章　女性権力者の知られざる系譜

女性政治家が少ない日本

日本における女性の政治参加は著しく遅れています。実際、世界各国の議会における女性議員の比率をランク付けしたウェブサイト「Women in national parliaments」によれば、日本は一九三カ国中一六四位という結果が出ています（二〇一七年七月一日現在）。

このデータは、一院制の議会または下院（日本で言えば衆議院）の女性議員数を比較したもので、世界全体の女性議員の割合は二三・六％であるのに対して、日本は九・三％と大幅に下回っています。東アジアのなかで比較しても、日本は七二位の中国（二四・二％）、一一七位の韓国（一七・〇％）、一二三位の北朝鮮（一六・三％）に及びません。なお地域まで含めれば、東アジアで最も女性議員の比率が高いのは台湾で、日本の四倍に当たる三八・一％に達しています。

なぜ日本では女性の政治家が極端に少ないのでしょうか。

その理由として、「男は外で働き、女は家庭を守る」というジェンダー役割分業観があり、「政治の世界は男性のもの」と思われているからだとされることがあります。確かにこうしたジェンダー役割分業観は、産業革命以降、西洋で強化されました。しかしだからと言って、「明治近代化にともなって西洋の産業資本主義とともに輸入された考え方」(衛藤幹子『政治学の批判的構想』)とまでは言えません。なぜなら第一章で説明するように、東アジアのジェンダー役割分業観の多くは、儒教に由来しているからです。

とはいえ、歴史的に日本よりははるかに儒教が根付いてきたはずの中国や朝鮮半島の国々のほうが女性議員を多く生み出していることを踏まえれば、女性議員が少ない理由を儒教だけに求めることもできません。特定の政治思想に還元できない日本固有の事情があると考えるべきでしょう。

男系イデオロギーに隠蔽された歴史

かつて東アジアの国々にはどこでも君主に相当する人物がいました。しかし一九世紀から二〇世紀にかけて、いずれも日本に併合されたり、共和政に移行したりしていなくなった結果、いまでは日本だけに「君主」が残っています（北朝鮮も王朝国家と見なせないこともないですが、ここでは措《お》きます）。

現在の皇室典範では、皇位継承の資格を皇統に属する男系の男子だけに認めています。けれども現在、皇族の男子は皇太子のほかに皇太子の弟に当たる秋篠宮《あきしののみや》、秋篠宮の息子に当たる悠仁《ひさひと》親王、それに天皇の弟に当たる常陸宮《ひたちのみや》しかおらず、いずれは悠仁親王しかいなくなる事態が予想されることから、皇位継承の資格を女子にも広げ、女性天皇はもちろん、女性天皇とその婿である一般男性から生まれた天皇を意味する女系天皇も容認すべきだという意見が出されています。

ただこうした意見に対しては、保守派を中心に根強い反対があります。日本では古来、「万世一系」すなわち男系による皇位継承が保たれてきたのであり、これまで未亡人か未婚の女性に限って例外的に認めてきた女性天皇を何の留保もなく認めてしまうと、必ず女系天皇の容認へと行き着く。それは「国体」の破壊を意味するというものです。

目をヨーロッパに転じれば、いまでも国王が残っている国々が多くあります。それらの王室では女性や女系の国王がほぼ認められており、女性の政治参加も進んでいます。前述のデータによれば、例えばスウェーデンは六位（四三・六％）、スペインは一四位（三九・

一%)、オランダは二七位(三六・〇%)イギリスは四〇位(三二・〇%)となっています。こうして見ると、女性や女系の天皇を認めない意見が依然として影響力をもっていること自体、日本で女性の政治参加が進まないこととつながっているようにも思われます。

しかしそもそも、日本ではずっと女性が権力から遠ざけられてきたわけではありません。それどころか、古代から近代まで、女性天皇や皇后、皇太后、将軍の正室や母などの女性権力者=〈女帝〉は連綿と存在しました。男系イデオロギーによって隠蔽された歴史があるはずなのです。その歴史を探るためには、天皇以外の権力者にも注意を払うとともに、中国大陸や朝鮮半島の諸王朝や琉球王国などの歴史とも比較しなければなりません。

権力構造の四象限

日本における権力者と言えば、古代は天皇や貴族、中世や近世は主に武家、そして近代は再び天皇というイメージがあります。

天皇は今日までずっと世襲で継承されています。しかし古代から近世にかけては、生前退位して太上天皇(上皇)になる天皇が半分以上いました。上皇になるばかりか、出家して法皇になる場合も少なくありませんでした。この点は、皇帝や国王の終身在位を原則としていた中国大陸や朝鮮半島の諸王朝、ないしは琉球王国と対照的です。今上天皇明仁の退位は、一九世紀前半の光格《こうかく》天皇以来ということになります。

権力をもった古代の貴族としては藤原氏、中世や近世の武家としては鎌倉時代の源氏や北条氏、室町時代の足利氏、安土桃山時代の織田信長や豊臣秀吉、江戸時代の徳川氏などが挙げられます。これらの政権は、天皇と同様、世襲を原則としていました。世襲の人物を後継者に据えられなかった織田信長は数少ない例外であり、豊臣氏も徳川氏に滅ぼされたものの、秀吉は秀頼《ひでより》を後継者にしようとしました。

北条氏や足利氏や徳川氏のなかには、終身在位した将軍や執権もいれば、生前退位した将軍や執権もいました（本書では将軍や執権を含めて「在位」「退位」という語を使うことにします）。また出家する将軍や執権もいました。こうした点もまた天皇と共通します。天皇か武家かを問わず、古代から近代までの世襲王権を、終身在位か生前退位かという視点で総体的にとらえる必要があるのです。

日本で最も生前退位が繰り返されたのは、平安時代から江戸時代まで続いた院政です。院政では、原則として天皇の父や祖父や曽祖父に当たる男性（上皇や法皇）が権力をもちました。一方、終身在位を原則とする中国大陸や朝鮮半島の諸王朝では、男性の皇帝や国王が在位したまま死去すると、その后で次代の皇帝や国王の母や祖母に当たる女性（皇太后、太皇太后《たいこうたいごう》、大妃《テビ》、大王大妃《テワンテビ》）がしばしば権力をもちました。第一章で詳しく述べますが、こうした政治は「臨朝称制《りんちょうしょうせい》」ないし「垂簾聴政《すいれんちょうせい》」と呼ばれ、中国や朝鮮で行われました。つまり日本では広い意味での「父」が、中国や朝鮮では広い意味での「母」が権力をもちやすい構造があるように見えるわけです。

しかし実際は、そう単純ではありませんでした。それは中国や朝鮮とは異なり、日本では古代や近世に女性天皇が一〇代（人数では八人）もいたこと、またたとえ天皇にならなくても、中国や朝鮮同様、広い意味での「母」として権力を握った女性が古代から近代にかけて何人もいたこと、などから明らかです。皇帝や国王や天皇や将軍などが終身在位するか、生前退位するかという横軸に加えて、皇帝や国王や天皇や将軍などないしは彼らの正室の「父」が権力をもつか、「母」が権力をもつかという縦軸を設定して座標を描くと、四つの象限が浮かび上がります（図参照）。

院政は第二象限に当たります。天皇が生前退位し、かつ天皇の「父」が権力をもっているからです。ただし一口に院政と言っても、白河上皇（法皇）のように上皇や法皇が絶対的な権力をもっている場合もあれば、鎌倉時代以降のように幕府のほうがより強大な権力

図　権力構造の四象限

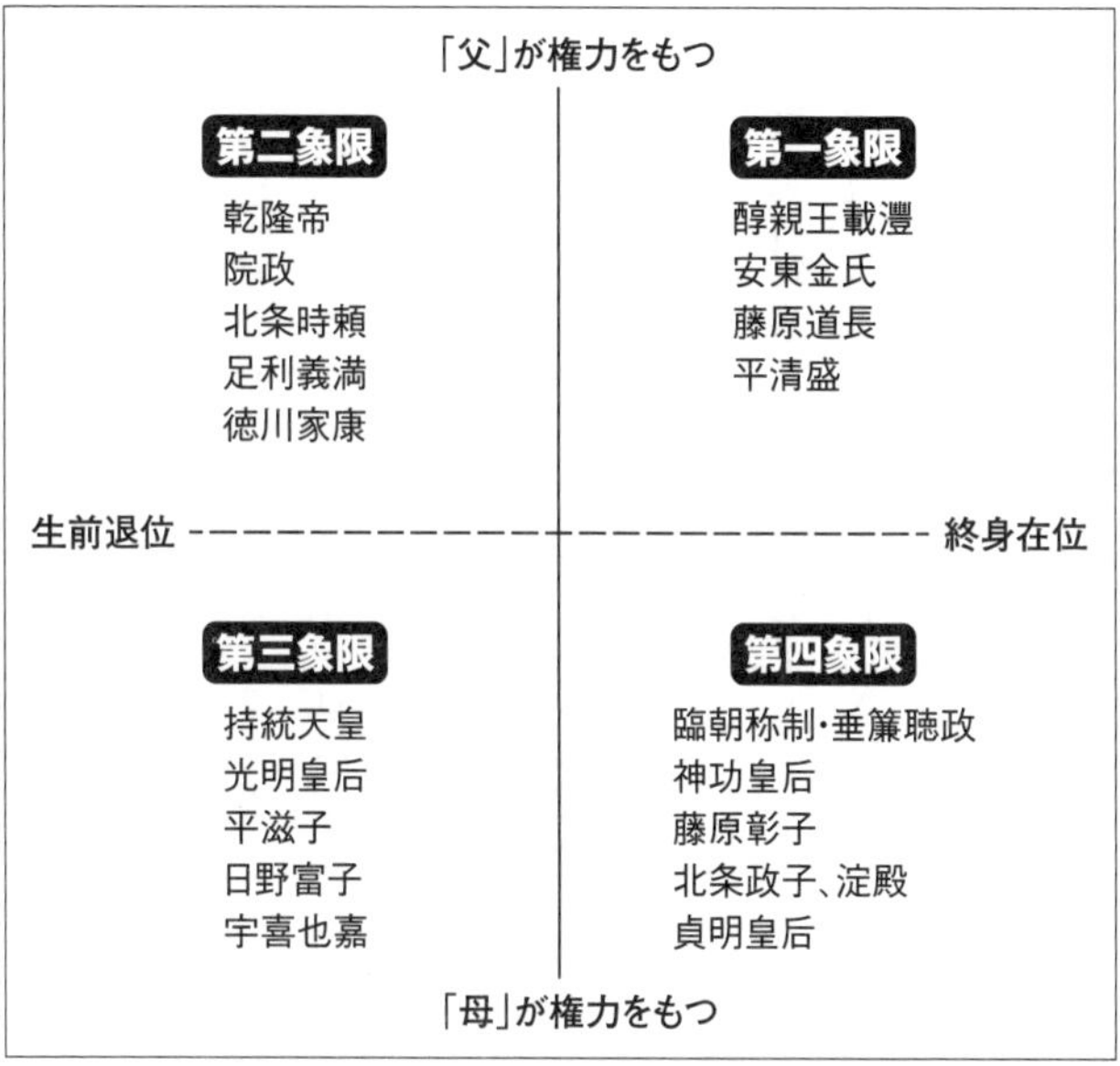

をもっている場合もあります。

また生前退位をしながら権力を保ち続けた北条時頼《ときより》や足利義満、徳川家康、中国（清《しん》）の乾《けん》隆帝《りゅうてい》なども第二象限に該当します。ただし乾隆帝は、中国の皇帝のなかでは数少ない例外にすぎません。

一方、臨朝称制や垂簾聴政は第四象限に当たります。中国大陸や朝鮮半島でこのタイプの政治は多く行われましたが、日本でも第一章以下で触れる神功《じんぐう》皇后や藤原彰子、北条政子《まさこ》、淀殿《よどどの》などがここに入ります。例えば源頼朝の正室だった北条政子は、頼朝の死後に将軍である頼家《よりいえ》や実朝《さねとも》の母として権力をもちましたし、豊臣秀吉の側室だった淀殿もまた秀吉の死後に残された一人息子の秀頼の母として権力をもちました。また垂簾聴政とは言えないにせよ、昭和天皇の母で「祈る」主体となった貞明《ていめい》皇后もここに入ると言えます。

第一象限には、皇帝の父のほか、皇后や王后の父に当たる外戚《がいせき》が該当します。具体的に言えば、清末の醇親王載灃《じゅんしんのうさいほう》（宣統帝溥儀《せんとうていふぎ》の父。宣統帝は辛亥《しんがい》革命後に退位させられ、清は滅亡しますが、滅亡するまでは皇帝だったため、清の皇帝としては在位を全うしました）、一九世紀朝鮮の外戚である安東金氏《アンドンキムシ》、平安期日本の藤原道長《みちなが》や平清盛《たいらのきよもり》などです。例えば安東金氏の一人、金祖淳《キムジョスン》は終身在位した国王純祖《スンジョ》の義父として権力をもちました。また藤原道長や平清盛は、終身在位した後一条天皇（あるいは事実上終身在位した一条天皇や後朱雀《ごすざく》天皇）や安徳天皇の義父や外祖父として権力をもちました（もっとも、藤原道長は生前退位した三条天皇の義父、平清盛は生前退位した高倉天皇の義父でもありましたから、第一象限と第二象限にまたがっているという見方もできます）。

第三象限に該当するのは、日本や琉球王国の女性天皇、皇后、皇太后、王妃、将軍の正室だけです。皇帝や国王の生前退位がほとんどない中国や朝鮮の皇后や王后などは当てはまりません。具体的に言えば、日本の持統《じとう》天皇、光明《こうみょう》皇后、平滋子《しげこ》、日野富子《ひのとみこ》、琉球の宇喜也嘉《おぎやか》（第二尚氏王朝初代尚円王《しょうえんおう》の王妃、三代尚真王《しょうしんおう》の母后）などがここに入ります。例えば光明皇后は、夫である聖武《しょうむ》天皇が退位してから、孝謙《こうけん》天皇の母として権力を握りました。

終身在位を原則とする中国や朝鮮では、基本的に皇帝や国王自身が権力をもっていました（これは図のどの象限にも当てはまりません）。それ以外は第四象限が圧倒的に多く、第一象限もあります。乾隆帝のような例外はあるものの、第一象限と第四象限でほぼ完結しているわけです。一方、日本は第二象限の院政が多く、天皇や将軍自身が権力をもつこともあったとはいえ、すべての象限に分布している点が中国や朝鮮と異なります。

ただ実際の歴史は、このような座標で綺麗に分けられるほど単純ではありません。例えば「父」と「母」が同時に権力をもつ場合、すなわち同時代に二つの象限に権力が分有されている場合がありました。

日本では、第一象限の藤原道長と第四象限の藤原彰子が同時代人です。彰子は道長の長女で、一条天皇の中宮となり、後一条天皇と後朱雀天皇の生母となりますから、天皇の母と外祖父が同時に権力をもっていたことになります。第二象限の後白河上皇（法皇）と第三象限の平滋子もまた同時代人です。滋子は後白河天皇の譲位後の妃で、高倉《たかくら》天皇の生母となりますから、天皇の母と父が同時に権力をもっていたことになります。朝鮮では、第一象限の安東金氏の政治と第四象限の垂簾聴政が、同じ一九世紀前半に行われました。

君主や将軍などの生存中ないし在位中から、「妻」が権力をもつ場合もありました。通常であれば君主や将軍などの死後ないし退位後に「妻」が「母」として権力をもつわけですが、そうではなく、君主や将軍などが病気になったり、政治を顧みなくなったり、戦争などで長期にわたって不在だったり、「妻」の家系に当たる外戚が権力を掌握したりしたために、「夫」の生存中ないし在位中から権力をもったわけです。日本の持統天皇や日野富子や北政所《きたのまんどころ》や貞明皇后、中国の呂后《りょこう》、朝鮮の閔妃《ミンビ》（明成皇后《ミョンソンファンフ》）などが該当します。

このうち、持統天皇や日野富子や貞明皇后や呂后は「夫」の死後も「母」として大きな影響力をもちましたが、北政所は「夫」の死去に伴い出家して権力を失い、閔妃は「夫」の生存（在位）中に暗殺されています。

「母」としての権力

このように中国や朝鮮では、女性が権力をもつためには「母」であることが一つの条件となってきました。一見「父」が権力をもつことが多かったように見える日本でも、女性が「母」として権力をもつことが古代から近代までありました。しかし図から明らかなように、その構造は中国や朝鮮とはかなり異なっていました。

その違いを大ざっぱに言えば、中国や朝鮮で女性が「母」として権力をもつのは第四象限が圧倒的に多いのに対して、日本で女性が「母」として権力をもつのは第三象限と第四象限にまたがっているということです。中国や朝鮮にはあまりない権力者の生前退位という習慣が日本では定着したことで、一方では院政のような「父」が権力をもつ政治形態が長く続くとともに、他方では退位した女性天皇や退位した天皇の后、退位した将軍の室などが権力を握ることもできたわけです。

本書では、第三象限と第四象限に相当する〈女帝〉の日本史を、古代からの時間と東アジアという空間の双方の視点を絡ませながら、丁寧に見てゆきたいと思います。こうした考察を通して、日本では女性の政治権力がどう変遷してきたのか、そしてなぜいま日本は東アジアのなかでも女性の政治参加が遅れているのかという問題だけでなく、今日の皇室で起こっている問題を考える上でも有益な視座を提供することができれば幸いです。

私の専門は日本政治思想史で、主に近代以降の天皇制を研究してきました。専門外の時代については、一次史料のほかに近年のすぐれた先行研究に多くを負っています。それらの研究に触れる場合には、学者の氏名（敬称略）や書名や論文名を明記し、必要に応じて原文や訳文を引用しました。中国や朝鮮についても同様です。現代中国語や韓国語で書かれた研究にも適宜言及しています。韓国語の文献については私自身が訳しましたが、現代中国語の文献については吉野まやさんの助けを借りました。

専門外の時代に手を広げる必要性を改めて感じさせたのは、二〇一六年八月八日に発表された「象徴としてのお務めについての天皇陛下のおことば」でした。このなかで天皇明仁は、「このたび我が国の長い天皇の歴史を改めて振り返りつつ」（宮内庁ホームページ）と述べています。学者もまた近代以降だけでなく、前近代を含む「我が国の長い天皇の歴史」に通じていなければならないことを痛感させられました。

最後に年の表記について。旧暦が使われた明治五（一八七二）年までは人物の生没年を除いて元号優先、太陽暦に変わる一八七三（明治六）年以降は西暦優先とし、中国や朝鮮の年の表記も同様の基準で元号、西暦のどちらかを優先させました。また引用文の旧漢字はすべて新字体に改めたことをお断りしておきます。

第一章 女性天皇が続いた時代——奈良時代まで

女帝が並び立った時代

儒教社会では、古くから男女の違いが説かれてきました。例えば『易経《えききょう》』繋辞伝《けいじでん》上では、「天は尊《たか》く地は卑《ひく》くして、乾坤《けんこん》定まる」（原漢文）とした上で、男性が「天」、女性が「地」とされました。『礼記《らいき》』昏義《こんぎ》には、「男女別有りて、而《しか》る后《のち》に夫婦義有り」（同）あるいは「天子《てんし》は陽道《ようどう》を理《おさ》め、后《こう》は陰徳《いんとく》を治む。天子は外治《がいち》を聴き、后は内職を聴く」（同）とあり、同じく『礼記』内則《だいそく》には「男は内を言はず、女は外を言はず」（同）とあります。男女の「別」や天子＝「陽」、后＝「陰」が強調された上で、男や天子は「外」、女や后は「内」が自然であり、「外」の仕事である政治は男性のものとされたわけです。

『易経』や『礼記』と並ぶ儒教経典の一つ『尚書《しょうしょ》』（『書経《しょきょう》』）の「牧誓《ぼくせい》」には、「牝鶏《ひんけい》は晨《あした》すること無し。牝鶏之《も》し晨すれば、惟《こ》れ家之《こ》れ索《つ》きん」（同）という一節があります。現代語訳すると、「めんどりは朝の時を告げることはない。もしめんどりが朝の時を告げれば、家が滅びてしまう」となります。これは、実在が確認されている最古の中国王朝とされる殷《いん》（商）の紂王《ちゅうおう》（受王）が、女性の言うことばかりを重んじていたことを批判した一節です。めんどりは女性を意味し、つまり女性が政治に口出しをするとろくなことはないのだという一つの教訓です。

こうした儒教経典の一節は、儒教が生まれた中国だけではなく、同じく儒教文化圏に属する朝鮮や日本でも知られるようになりました。ここで言う中国、朝鮮、日本は、特定の王朝や国号を指すわけではなく、東アジアに位置する中国大陸、朝鮮半島、日本列島といった地理的な名称を意味します。

したがって東アジアでは、女性が権力をもつことがどこでも忌避されてきたように見えなくもありません。しかし実際には、中国、朝鮮、日本で女性の皇帝や国王、天皇が並び立つ時代がありました。それが七世紀です。なお日本で「天皇」号が成立するのは七世紀の推古《すいこ》朝ないし天武《てんむ》朝からであり、それ以前は「大王」が用いられたとされていますが、本書では「天皇」に呼称を統一します。

七世紀前半の中国では唐が統一国家を築いており、朝鮮では新羅《シルラ》、百済《ペクチェ》、高句麗《コグリョ》の三国が並立していました。このうち百済と高句麗は七世紀後半に相次いで滅亡し、新羅が朝鮮半島を統一します。この半島統一よりも半世紀近く前の六三二年、元号で言えば建福四九年、新羅では善徳《ソンドク》王という女王が即位し、一五年間にわたって在位したのに続き、仁平一四（六四七）年には真徳《チンドク》王という女王が即位し、七年間にわたって在位しました。

また、中国史上唯一の女帝とされる武則天《ぶそくてん》（則天武后《そくてんぶこう》）が即位し、国号を唐から周に改めたのが天授元年すなわち六九〇年。日本で最初の女性天皇である推古天皇が在位したまま死去したのが推古天皇三六年すなわち六二八年。皇極《こうぎょく》天皇が即位するのが皇極天皇元年すなわち六四二年。再び斉明《さいめい》天皇として即位するのが斉明天皇元年すなわち六五五年。持統《じとう》天皇が即位するのが武則天が即位したのと同じ持統天皇四年すなわち六九〇年。ですから七世紀というのは、朝鮮、中国、日本で、相前後して「女帝」が出てくる時期なのです。

七世紀から八世紀にかけての日本では、女性の天皇が六人誕生しています。また、女性のほうが長生きする傾向にあったため、いま挙げた皇極・斉明天皇や孝謙《こうけん》・称徳《しょうとく》天皇のように、一度退位したのちにもう一度即位（重祚《ちょうそ》）した女帝もいます。このため人数は六人でも、代数で言えば八代になります。

要するに古代というのは、東アジアで女性が皇帝や国王、天皇として権力をもつことが多かった時代と言えます。けれども、女性が権力をもっていたのは、決して女帝が並び立つ例外的な時代だけではありませんでした。表向きは男性の支配を尊重しながら、皇后や王后のままでも「母」として権力をもつことができたからです。いや歴史的に言えば、皇帝や国王や天皇にならず、皇后や王后のまま権力を握る場合のほうが多かったのです。

東アジアとヨーロッパの類似点

なおこの点は、東アジアだけでなく、フランスのようなヨーロッパの王国でもそうでした。ジャン＝クリストフ・ビュイッソン、ジャン・セヴィリア編『王妃たちの最期の日々』上（神田順子ほか訳）の「まえがき」には、次のような一節があります。

フランスは女子による王位継承を禁じるサリカ法に従っていたために、フランスの王妃が最期まで権力の継承を案じていたようすを語る本を出版することは考えにくい。中世フランスのアフォリズム、「百合は糸を紡がない」がすべてを語っている〔百合はフランス王家の象徴。糸紡ぎは典型的な女性の仕事。全体として、女性は王位につくことができない、を意味する〕。とはいえ、玉座につかなくとも実質的に権力を行使した王妃は数多い。すくなくとも、何人かは老練なご意見番として活躍し、ときにはそれ以上の存在であった。（〔　〕は原文ママ）

ヨーロッパでも東アジア同様、女性の劣等性が強調されてきました。例えば、古代ギリシアの哲学者、アリストテレスは、「自然によって男性は勝り、女性は劣るからして、前者は支配する者、後者は支配される者である」（『政治学』、牛田徳子《うしだのりこ》訳）と述べていますし、旧約聖書の創世記でも女は出産の苦痛とともに男の支配下に置かれるとされました。フランク王国の法典に由来するサリカ法は、まさにこうした伝統にのっとっていたわけです。

しかし、女王にはなれなくても、権力を行使した王妃はいました。『王妃たちの最期の日々』では、フランスで権力を行使した王妃として、アンリ二世の王妃、カトリーヌ・ド・メディシス、ルイ一三世の王妃、アンヌ・ドートリッシュ、ルイ一六世の王妃、マリー＝アントワネット、ナポレオン三世の妃、ウジェニー・ド・モンティジョにそれぞれ紙幅が割かれています。ほかにも王の愛人まで含めれば、ルイ一五世の公式寵姫《ちょうき》となったポンパドゥール夫人などが挙げられるでしょう。本書では日本および日本との関係の深かった東アジアの諸王朝を中心に検討するため、これ以上フランスについては立ち入りませんが、いずれこうした西洋諸国の事例を踏まえた女性の権力者に関する研究の進展が期待されるところです。

各地に伝承が残る神功皇后

古代天皇制において、女性権力者の系譜をたどっていくと、三～四世紀に活躍したとされる神功皇后《じんぐう》に行き当たります（義江明子《よしえ》『つくられた卑弥呼』のように、三世紀前半に活躍した邪馬台国《やまたいこく》の女王、卑弥呼をはじめとする女性首長が権力をもっていたとする説もありますが、ここでは措きます）。

記紀によると、神功皇后は仲哀《ちゅうあい》天皇の后であり、応神《おうじん》天皇の母です。また『日本書紀』によると、仲哀天皇の没後、応神天皇を妊娠したまま朝鮮半島に出兵して新羅を降伏させ、高麗（高句麗）と百済にも朝貢を誓わせる「三韓征伐《さんかんせいばつ》」を行い、帰還して応神天皇を生んでからも百歳近くで死去するまでの六九年間にわたって摂政《せっしょう》の地位にあったとされる人物です。

現在の学界では、実在が確実な最も古い天皇は継体《けいたい》天皇（四五〇?～五三一?）とされる場合が多いため、系譜上はそれ以前に当たる神功皇后は実在しないと解釈するのが自然でしょう。しかし奈良時代から昭和初期にかけて、神功皇后は実在するとされ、三韓征伐もしばしば史実として言及されてきました。

さらに注目したいのは、西日本一帯に神功皇后にちなむ地名、民間伝承や神功皇后を祀る神社がやたらに多いことです。とくに九州では、神功皇后は聖母《しょうも》として崇《あが》められています。例えば福岡県糟屋郡宇美町《かすやぐんうみまち》は、その名の通り神功皇后が応神天皇を生んだ場所とされており、三韓征伐の拠点があったとされる福岡市東区の香椎《かしい》には、もともと神功皇后を主祭神とする香椎宮があります。

このほかにも、現在の兵庫県南部には、県名にもなっている兵庫や川の名前にもなっている武庫《むこ》という地名があります。『摂津国風土記《せっつのくにふどき》』（逸文）によると、神功皇后が兵具を埋めた場所を武庫と言い、いまは兵庫と言うとされています。また、現在の佐賀県にある嬉野《うれしの》温泉は、『肥前国風土記《ひぜんのくにふどき》』彼杵郡《そのきのこおり》にも「東の辺《ほとり》に湯の泉ありて、能《よ》く人の病を癒《いや》す」（原漢文）と記された古湯ですが、嬉野温泉旅館組合のホームページには、九州に帰って来た神功皇后が、傷ついた兵士を入湯させ、傷が癒えたのを見て「あな、うれしいの」と言ったから「嬉野」になったと由来が記されています。

神社で言えば、神功皇后を祀る神社は、応神天皇を除く歴代のどの天皇よりも多くあります。応神天皇の神霊は八幡神、いわば戦《いくさ》の神です。大分県宇佐《うさ》市の八幡総本宮、宇佐神宮（写真参照）をはじめ、京都府八幡《やわた》市の石清水八幡宮《いわしみずはちまんぐう》や神奈川県鎌倉市の鶴岡八幡宮《つるがおかはちまんぐう》など、「八幡」と名のつく神社はみな応神天皇が祭神です。宇佐神宮のように、応神と神功を一緒に祀っている神社もけっこうありますが、その応神天皇に次いで、神功皇后を祀る

八幡総本宮、宇佐神宮

神社が西日本には多いのです。

では、東日本で神功皇后同様、『日本書紀』や『古事記』に描かれた伝説が残っている女性がいるかというと、景行《けいこう》天皇の皇子で仲哀天皇の父とされるヤマトタケル（日本武尊、倭建命）の妃であったオトタチバナヒメ（弟橘媛、弟橘比売命）ぐらいしか見当たりません。

しかし、オトタチバナヒメの伝説はせいぜい現在の茨城県、千葉県、神奈川県に限られています。一方、神功皇后の伝説は滋賀県から長崎県までの西日本一帯に及んでいますから、スケールがまったく違います。

神功皇后の三韓征伐

神功皇后は、『古事記』では息長帯比売命、『日本書紀』では気長足姫尊として登場します。どちらも「オキナガタラシヒメノミコト」と読みますが、『日本書紀』では独立の一巻として記され、天皇と同格に扱われていました。皇后であるのに別格扱いをされていたのには、いくつか理由があります。

最大の理由は、先程も触れた三韓征伐です。『日本書紀』によると、神功皇后は陣頭に立って新羅征討を行い、これを屈服させ、さらに高句麗、百済に朝貢を誓わせる、つまり戦争に勝って帰ってきたことになっています。継体以前を含む歴代の天皇で、外国へ戦争をしに行き、勝って帰ってきた記録が残っている天皇はいません。

『日本書紀』巻第九の「神功皇后摂政前紀」には、「吾婦女《たおやめ》にして、加以《また》不肖《おさな》し。然《しか》れども暫く男《ますらお》の貌《すがた》を仮りて、強《あながち》に雄《おお》しき略《はかりごと》を起さむ」（原漢文。書き下し文は岩波文庫版『日本書紀』〔全五冊〕による。以下も同じ）、すなわち「私は女であり、また未熟である。けれどもしばらく男の姿に仮装して、強いて雄々しい策略をたてよう」という神功皇后の言葉が記されています。男装して、朝鮮半島へと赴いたわけです。

三韓征伐は、夫である仲哀天皇の急死後、神託により神功皇后が行ったとされていま

鎮懐石八幡宮

す。つまり神功皇后は、神託を受けるシャーマンであるとともに、政治権力をもつ軍事指導者でもあったわけです。『日本書紀』を読んでいると、仲哀天皇と神功皇后は、まるで一夫一婦の対等なパートナー関係を築いており、仲哀天皇の死後、神功皇后は天皇がもっていた権力をまるごと引き継いだように見えます。

さらに出征当時、神功皇后は妊娠していました。出征の途中で生まれないように、懐に石を挟んでいったという逸話が記紀には綴られています。「懐に石を鎮める」という、その名も「鎮懐石八幡宮《ちんかいせきはちまんぐう》」という神社が福岡県糸島《いとしま》市にあります（写真参照）。

ちなみに、神功皇后の伝説が根づく糸島

市を舞台とする小説が、東直子《ひがしなおこ》『いとの森の家』です。この小説では、地元のおじいさんが神功皇后について次のように話す場面があります。

先に死んでしまった夫のかわりに、ここの井戸で染めたよろいば着て、みんなを先導したとたい。そんで、勝って帰ってきたとたい。お腹に子どもおりんしゃったとやのにな。帰ってきてから男の子産んだそうや。

地元の方言を交えておじいさんが話した通り、無事九州に帰ってきた神功皇后は、現在の福岡県の宇美町で応神天皇を生みます。このため、三韓征伐は神功皇后と、その胎内にいた応神天皇(胎中天皇)が一体となって成し遂げたと言われるようになります。しかし、記紀のテキストを読む限り、応神天皇は何の役割も果たしていません。

しかも不自然なのはその後、六九年間にわたって皇太后となった神功皇后がずっと摂政の地位にあったことです。『日本書紀』によれば、応神天皇は三歳で公式に皇太子となっていますから、本来ならば応神が適当な年齢になったところで実権を譲るはずです。しかし、その後も応神天皇は、神功皇后が亡くなるまでまったく権力をもっていないのです。

臨朝称制と垂簾聴政

神功皇后のように、母に当たる女性（皇太后）が幼い息子である男性（皇帝）に代わって政務を行うことは、中国ではしばしばありました。こうした政治形態を「臨朝称制《りんちょうしょうせい》」あるいは「垂簾聴政《すいれんちょうせい》」と呼びます。

「臨朝称制」と「垂簾聴政」は同義で使われることがありますが、少し意味合いが異なります。垂簾聴政は「簾《すだれ》を垂らす」と書くように、直接的には権力をもつ女性が簾ごしに臣下と接したことを指します。本章の冒頭に触れたように、「女が政治に口を出してはいけない」という儒教的な考えが根底にあるため、簾の後ろで控えているわけです。

歴史書のなかで初めて「垂簾」という文字が使われ、朝廷に臨む皇后の権力が皇帝と同等であることが言明されたのは、唐の高宗《こうそう》と武《ぶ》皇后（のちの武則天。則天武后）の時代でした。具体的に言えば、唐の成立から滅亡までの歴史が記された『旧唐書《くとうじょ》』巻五の「本紀第五　高宗下」上元二（六七五）年三月丁巳《ていし》条に、「天后《てんこう》、御座の後に垂簾し、政事の大小は皆之を預《あずか》り聞く」（原漢文。傍点引用者）とあります。天后とは、武皇后を指しています。

なお、垂簾聴政とよく似た政治は、古代ローマ帝国にもありました。皇帝ネロの母であったアグリッピーナは、「皇帝の母君」という称号で呼ばれ、「最高の母」という合言葉がネロから与えられました。歴史家のジャン＝ルイ・ヴォワザンは、こう述べています。

慣例で認められた枠を越えることこそなかったが、この母はあらゆる場面に顔を出したがった。アウグストゥス以来の伝統で、ときどき元老院議員たちが宮殿に招集されることがあったが、彼女は姿が見えないようしつらえた戸口の後ろで討議を聴いた。

（前掲『王妃たちの最期の日々』上）

古代ローマでは、紀元前四五〇年ごろに十二表法が制定され、家父長権が成文化されていました。女性が皇帝になれないという点では、ローマ皇帝も（武則天を除く）中国の皇帝と同じでした。このためローマでも、母が息子に仕えるという間接的な方法で権力を握ったわけです。

一方、臨朝称制とは、皇帝が幼少などの理由で執政できない場合、皇太后が朝議に臨み（臨朝）、命令を出す（称制）などの政務を執ることを指します。戦国時代や漢代では、皇太后でも「垂簾」はせず、皇帝と同様、直接群臣と対面していましたので、臨朝称制と呼ばれました。この点ではローマ帝国に代表される同時代の西洋よりも、女性が権力を握ることに対するタブーが弱かったと言えるかもしれません。

呂后の臨朝称制

臨朝称制で有名なのは、前漢の呂后《りょこう》（?～前一八〇）です。司馬遷《しばせん》による史書『史記《しき》』には呂后の事績を記した「呂后本紀《りょこうほんぎ》」がありますが、そこには「元年、号令、一《いっ》に太后《たいこう》より出《い》づ。太后、制と称す」（原漢文。傍点引用者）とあります。この太后こそ呂后にほかなりません。

呂后の本名は呂雉《りょち》といい、紀元前二〇二年に劉邦《りゅうほう》が項羽《こうう》を滅ぼして前漢の初代皇帝となると、中国で初めて皇后の座につきます。このときから呂后は、国政を顧みない劉邦に代わり、政治に深く関与していました（郭茵《かくいん》『呂太后期の権力構造』）。そして劉邦の死後、自身とその一族（外戚）が権力を握りやすいように、わざと幼少だった息子の恵帝を即位させ、皇太后になりました。さらに恵帝の死後も太皇太后《たいこうたいごう》として臨朝称制を続けています。

皇太后が皇帝の母ないし先代の皇帝の正室に与えられる尊称であるのに対して、太皇太后は皇帝の祖母ないし先々代の皇帝の正室に与えられる尊称を意味します（ただし太皇太后を含めて皇太后と呼ぶ場合もあります）。呂后は皇后、皇太后、太皇太后として生き続けながら、事実上皇帝のような権力を保ち続けたわけです。

先に触れた『史記』では、「呂后本紀」を立てて呂后を皇帝として扱う代わりに、恵帝は本紀から外されています。司馬遷はこの時代、呂后が実質上の皇帝だったと考えたわけです。また、後漢の時代に編纂された歴史書『漢書《かんじょ》』でも、呂后は「恵帝紀第二」に次ぐ「高后紀第三」として皇帝の伝記が記された「本紀」のなかに組み込まれ、「恵帝崩じ、太子立てて皇帝と為す。年幼くして、太后臨朝称制す」（原漢文。傍点引用者）と記されています。つまり太皇太后でありながら、皇帝と同じ扱いになっているわけです。

では臨朝称制を行った呂后とは、実際にどのようなふるまいをしていたのでしょうか。歴史学者の朱子彦が著した『垂簾聴政』に興味深い記述がありますので、その一部を訳してみましょう。

漢代の皇太后や太皇太后は臨朝称制の際、自らを「朕《ちん》」と称し、命令を下すことを「制」といった。臣下は皇太后や太皇太后を「陛下《へいか》」と、またその死を「崩」と称した。皇太后や太皇太后は天子の衣冠をつけて宗廟《そうびょう》を参拝し、皇帝に代わって歴代皇帝を祀ることができた。このように臨朝称制とは、皇帝に代わり政務を執ることで皇権を行使し、天下臣民を統治することであった。（原文は現代中国語）

自らを「朕」と言い、臣下は「陛下」と呼ぶ。天子の衣冠を身につけて宗廟、すなわち先祖の祭祀を行う廟への参拝もする。まさに皇帝と変わらない存在です。いや、呂后だけではありません。中国では儒教経典の教えに反して、垂簾聴政や臨朝称制という形を通して名実ともに権力者として采配《さいはい》をふるった女性が、古代の呂后から近代の西太后《せいたいこう》（慈禧太后《じきたいこう》。一八三五〜一九〇八）に至るまで断続的に存在したのです。

呂后と神功皇后の類似性

神功皇后は実在が確認されていないのに対して呂后は実在が確認されている点で異なりますが、歴史書で天皇や皇帝と同格と見なされている点では共通しています。先に触れたように『日本書紀』巻第九では、神功皇后は独立の一巻として扱われ、天皇と同格になっています。奈良時代に成立した『日本書紀』の神功皇后の扱いには、呂后を皇帝と見なした『史記』や『漢書』の影響があるのではないかと考えられます。

『摂津国風土記』（逸文）を見ると、神功皇后は「息長足《おきながたらし》比売《ひめ》の天皇《みこと》」と表記されています。『狭衣《さごろも》物語』『扶桑略記《ふそうりゃくき》』『愚管抄《ぐかんしょう》』『八幡愚童訓《はちまんぐどうくん》』甲『神皇正統記《じんのうしょうとうき》』など、平安時代から南北朝時代にかけての歴史書や歴史物語の多くも、神功皇后を「女帝」ないし仲哀天皇に次ぐ第十五代の「天皇」あるいは「皇帝」「帝王」としています。ちなみに北宋時代に成立した『新唐書』巻二百二十列伝第一百四十五「東夷《とうい》」でも、「仲哀死し、開化の曽孫女神功をもって王と為す」（原漢文）と記されています。ところが江戸時代になり、徳川《とくがわ》光圀《みつくに》が編纂した歴史書『大日本史』になると、天皇から外されて后紀伝、つまり皇后や后のほうに入れられてしまうのです。この点についてはまた第四章で触れたいと思います。

歴史学者の久米邦武《くめくにたけ》は、日清戦争が終わった年に当たる一八九五（明治二八）年から一八九六年にかけて、『史海』という雑誌に「神功皇后と漢の呂后」と題する論文を連載しています。この論文で久米は、「是《これ》までの学者に輙《やや》もすれば女子を抑へ外戚を斥《しりぞ》けんとする習風あるに因《より》て、此《ここ》に神功皇后と漢呂后とを対較し、古来女権の抑圧し難き情理を概論しをく」として、神功皇后と呂后を比較しています。おそらくこのような比較をした学者は、久米が最初ではないかと思います。

その背景には、論文が連載された一九世紀末の東アジア情勢がありました。「清帝幼少にして国母の西太后久しく垂簾にて政《まつりごと》を裁し、韓の政治は王妃閔《ミン》氏の手に左右されてあるとなん」と久米自身も述べたごとく、当時は皇后の権力が周到に封じられた日本とは対照的に、中国（清）では西太后（慈禧太后。一八三五〜一九〇八）が、朝鮮では閔妃《ミンビ》（明成《ミョンソン》皇后。一八五一〜九五）がそれぞれ権力を握っていました。久米がこう書いた直後に閔妃は暗殺されますが、このときはまだ生きていたのです。

さらに久米は、女性が権力をもっているというのは国が衰退するように見えるが、そうではないと続けます。皇帝や国王が幼少であれば、母親に相談して物事を裁決するというのは「家族自然の情理」であり、ごく当たり前のことだと述べています。

つまり歴史をさかのぼっていったとき、神功皇后と前漢の呂后はよく似ており、そこには東アジアに共通する「母」の権力が見出せることを言おうとしているのです。しかしそうだとすれば、なぜ中国や朝鮮では一九世紀末になってもその構造が残っていたのに、日本では残っていなかったのでしょうか。この問いに久米がどう答えたかは、第五章で改めて触れたいと思います。

中国家族法による皇帝と皇后の関係

儒教では女性が権力をもつべきではないとされたにもかかわらず、儒教が定着した中国や朝鮮で繰り返し臨朝称制や垂簾聴政が行われた理由の一つに、古くから家族法が確立されていたことが挙げられます。どういうことでしょうか。

中国や朝鮮では、皇帝や国王は終身在位が原則でした。「中国では、秦の始皇帝《しこうてい》から清の宣統帝《せんとうてい》溥儀《ふぎ》までのおよそ一九〇名のうち、A（終身）が一〇一名（五三％）、B（殺害）が三九名（二一％）、C（失脚）が三八名（二〇％）で、D（自発的譲位）が一二名（六％）であった」（水谷千秋『女帝と譲位の古代史』）。一四世紀末から二〇世紀初頭まで続いた朝鮮王朝（一八九七〔光武元〕年から一九一〇〔隆熙《りゅうき》四〕年までは大韓帝国）でも、二七人の国王や皇帝のうち、自発的に譲位したのは初代から三代に当たる太祖《テジョ》、定宗《チョンジョン》、太宗《テジョン》だけで、強制的に譲位させられた国王や皇帝を含めても八人にすぎません。それ以外はすべて終身在位でした。

このため皇帝や国王の死後に、皇后や王后だった人物がさらに長生きし、次に即位する皇帝や国王に代わって権力を握るケースが多く見受けられます。それは法によって妻と妾がはっきりと区別され、一夫一婦多妾制であったからです。

東洋史学者の滋賀秀三《しがしゅうぞう》は、日本学士院賞を受賞した『中国家族法の原理』という古典的著作で「夫が生存するかぎり、妻の存在はその陰にかくれてあたかも無に等しい。他面に、夫が死亡して寡婦となったとき、妻は夫に代位し、夫に属していたものを包括的に保持し続けるところの極めて重要な存在として現われて来る」と記しています。そして息子がいなければ、「夫に属していたものは何にせよすべて妻の手に移るということは、すべての時代と地域に通ずる中国人の普遍的な法意識であった」のであり、息子がいたとしても「父の代位者たる母あるかぎり、なお父の人格の支配から解放されていない」と述べています。

それは皇帝であっても同じでした。正式な妻、すなわち正室は皇后（夫の没後は皇太后）だけであり、側室（後宮《こうきゅう》）とは明確に分けられていました。こうした法の裏付けがあったからこそ、皇帝の死後に皇太后や太皇太后が皇帝の権力をまるごと継承し、幼少の皇帝を即位させ、その代わりに政治の実権を握ることができたのです。

ただし、皇后と皇帝の生母が異なった場合、生母が皇帝によって皇后と同様の待遇を与えられることが、漢から宋にかけてしだいに一般化してゆきました。時代を経るほど皇帝の生母の地位が上がり、新皇帝即位後には嫡母と生母の双方が皇太后となったのです（前田尚美「『嫡母』と『生母』」)。

朝鮮でも、正室の王后に当たる正妃ないし継妃（正妃が死去、あるいは離縁したあとに新たに迎えられた王后）と、側室（後宮）の区別は明確でした。正妃や継妃は、国王が先に死去すると大妃《テビ》と呼ばれました。朝鮮史を研究するキム・スジは、『大妃　王の上にいる女性』のなかで次のように述べています。

大妃は、朝鮮王室では、実際には国王よりも上位にあった。どう見ても女性の政治社会活動が禁止されていた朝鮮時代に、女性として昇ることのできた最高権力の座が大妃であった。ここに大妃の矛盾した実態が内包されている。王后のときには公式に禁じられた政治に、夫の死後には全面的に介入することができるからである。

（原文はハングル）

朝鮮の大妃の地位は、中国の皇太后と同様だったことがわかるでしょう。ただし中国とは異なり、朝鮮ではたとえ国王の生母であっても側室であれば、多くは側室の最高位である嬪《ひん》になるのが限界でした。側室が大妃になることはまずあり得なかったのです。

最初の女帝、推古天皇

確かに『日本書紀』に描かれた神功皇后の記述だけを読むと、日本にも中国とよく似た臨朝称制が古くから行われていたように見えます。しかし日本では中国や朝鮮とは異なり、父系制にもとづく一夫一婦多妾制が古くから定着したわけではありませんでした。日本の天皇制では、一夫多妻制で正室はいなかったり、逆に二人いたりするなど、天皇と皇后という一体の関係が前提ではない時代が長く続いたからです。

しかしこのことは、男性に比べて女性の地位が低かったことを意味するわけではありません。それどころか古代日本では、皇后に当たるキサキの宮は天皇の宮とは別にあり、経済的にも独立していました。夫婦一体のもとに皇帝と皇后が同居する中国とは、この点が違っています。

また日本では、文武《もんむ》天皇（六八三〜七〇七）が文武天皇元（六九七）年に一五歳で即位するまで幼年の天皇はあり得ず、男女ともに四〇歳以上になれば天皇になれる資格が生じました（仁藤敦史《にとうあつし》『女帝の世紀』）。もちろん血統も重要でしたが、血統だけで皇位継承者が決まったわけではなかったのです。だからこそ中国とは異なり、キサキが天皇になるケースが相次いだとも言えます。

このように考えると、たとえ中継ぎ的な役割を果たすことはあっても、女性天皇を単なる中継ぎと見なす解釈の問題点も明らかになるでしょう。服飾史に詳しい武田佐知子は、日本古代の女帝の衣服や冠が男帝と区別されておらず、天皇は性差を超えた存在であったとしています（『衣服で読み直す日本史』）。

なお、ここで表記された年齢は満年齢ではなく、数えです。したがって文武天皇の場合も、満年齢では一三か一四歳で即位したことになります。以下でも江戸時代までは、人物の年齢を数えで表記することにします。

最初の女帝として知られる推古天皇（五五四〜六二八）、すなわち額田部皇女《ぬかたべのひめみこ》は、欽明天《きんめい》皇と堅塩媛《きたしひめ》の娘として生まれ、異母兄である敏達《びだつ》天皇のキサキとなりました。母の堅塩媛は蘇我稲目《そがのいなめ》の娘で、同じく欽明天皇のキサキとなった小姉君《おあねのきみ》は妹、蘇我馬子《うまこ》は弟になります。

堅塩媛と小姉君が欽明のキサキとなり、堅塩媛が用明《ようめい》天皇を生んだことで蘇我氏は外戚になり、実権を握ります。ここで外戚の男性が権力を握る構造が早くも現れますが、敏達のキサキである額田部皇女も蘇我馬子とともに権力をもちました。

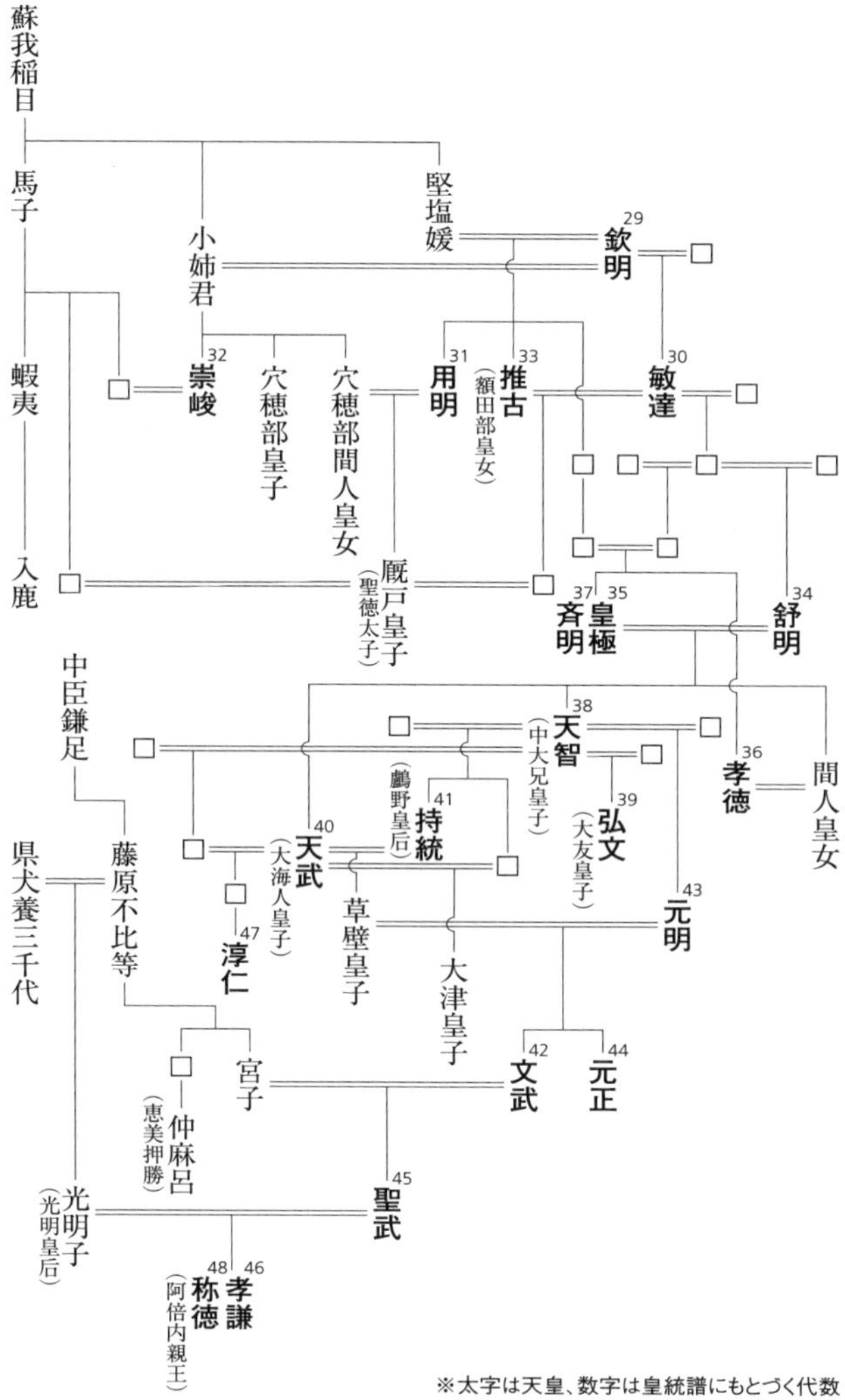

※太字は天皇、数字は皇統譜にもとづく代数

そして用明天皇の没後、彼女は、物部《もののべ》氏と手を組み皇位を望んだ穴穂部皇子《あなほべのみこ》を殺害した一件や、崇峻《すしゅん》天皇の推戴にも加担しました。中国のように一夫一婦多妾制が確立されていたなら、用明天皇の没後は、そのキサキで聖徳太子の生母として知られる穴穂部間人《あなほべのはしひとの》皇女《ひめみこ》が権力をもつはずですが、そうはならず、先々代天皇のキサキである額田部皇女が権力を握り続け、馬子による崇峻天皇の殺害後についに自ら天皇になったのです。

古代女性史の研究者である義江明子は、著書『日本古代女帝論』で「額田部が異母兄敏達のキサキとなった時は一八歳、敏達が死んだ時には三四〔三二〕歳である。キサキとしての経験と地位に加え、敏達没後の王位継承争いの中で発揮された統率力が、群臣による擁立、三九歳での即位につながったといえよう」と述べています。

もっともこう書くと、推古天皇の時代には甥に当たる厩戸皇子《うまやどのみこ》（聖徳太子）が摂政として国政全般を行っていたのではないかという反論が起こるかもしれません。しかし近年の研究では、推古天皇を飾りの女帝と見なすことを否定する見解が有力になっています（例えば荒木敏夫『可能性としての女帝』を参照）。キサキのときから握り続けてきた権力を、推古が手放すことはなかったのです。

中大兄皇子の称制

称制や臨朝称制という用語自体は、『日本書紀』にも出てきます。しかしその意味は、中国とは異なっています。

中国では皇帝が在位しながら、幼少などの理由でそれ以外の者が執政することを意味しますが、実は日本の場合はそうではありません。『日本書紀』に称制や臨朝称制という言葉が出てくる場合、天皇空位のまま皇太子や皇后が執政しています。具体的には中大兄《なかのおおえの》皇子《みこ》（天智《てんじ》天皇）と鸕野《うの》皇后（持統天皇）がこれに当たります。ここではまず、中大兄皇子について見ておきたいと思います。

中大兄皇子の母は、皇極天皇（五九四？〜六六一）です。少しさかのぼって解説すると、皇極天皇は舒明《じょめい》天皇のキサキを経て、天皇に即位します。そして皇極天皇四（六四五）年、中大兄皇子・中臣鎌足《なかとみのかまたり》らが宮中で蘇我入鹿《いるか》を暗殺した「乙巳《いっし》の変」により、同母弟の孝徳《こうとく》天皇に譲位します。これが日本で最初の生前退位と言われていますが、皇極は孝徳に天皇の地位を完全に譲ったわけではありませんでした。

なぜなら皇極天皇は、譲位後、孝徳天皇から皇祖母尊《すめみおやのみこと》の尊号を与えられるからです。祖母は王母を意味します。このことから歴史学者の遠山美都男《みつお》は、「彼女〔皇極天皇〕が王位を譲った弟孝徳の上位にあると認識され、両者の関係が擬制的な母子関係によってとらえられた」と述べています（『古代日本の女帝とキサキ』）。つまり、姉と弟が一種の母子関係にあり、皇極天皇は依然として権力を失ってはいなかったと言えるでしょう。

皇極天皇は弟の孝徳天皇が死去してのち、重祚《ちょうそ》して斉明天皇となります。そして百済救援戦争に向かう途上、朝倉 橘 広庭宮《あさくらのたちばなのひろにわのみや》で急死しました。この跡地が現在、福岡県朝倉市にある「橘の広庭公園」です。私も訪れたことがありますが、園内には「橘廣庭宮之蹟」と刻まれた巨大な石碑も立っています。

斉明天皇の没後、中大兄皇子は即位しないまま称制を行ったことが『日本書紀』巻第二十七「天智天皇即位前紀」に書かれています。本来ならば天皇になってもいいはずの人物が天皇にならずに事実上政務を行う。それが『日本書紀』で意味するところの称制ないし臨朝称制なのです。

なおこの間、一時的に孝徳天皇の皇后で天智天皇の同母妹に当たる間人皇女《はしひとのひめみこ》（先程触れた穴穂部間人皇女とは別人）が天皇の座についていたのではないかという説があります。ノンフィクション作家の入江曜子はこう推測しています。

当時、在世中の大王の呼称は、推古を小墾田宮《おはりだのみや》に天の下しろしめす大王、皇極を後岡本宮《のちのおかもとのみや》に天の下しろしめす大王というように、代替りごとに代る宮の名で呼んだ。同様にのちに『万葉集』に中皇命《なかつすめらみこと》と記され、野中寺《やちゅうじ》の金銅弥勒仏《こんどうみろくぶつ》台座に中宮天皇と記された間人《はしひと》は、仮説ではあるが「稲淵宮に天の下しろしめす大王」と称されたと思う。

（『古代東アジアの女帝』）

入江は、「称制とは『天子に代って政務をとること』すなわち大王の存在することが前提であって、『日本古代では即位の式を挙げずに政務をとること』という解釈にはならない」（同）としています。これは中国の臨朝称制に近い解釈と言えるでしょう。ただしこの場合、大王となったのは皇太子の母ではなく妹でした。また日本では中国と異なり、女性がキサキから天皇になったケースが飛鳥、奈良時代に相次ぎました。次に触れる持統天皇も臨朝称制を経て天皇となった女性でした。

呂后と持統天皇の相似性

天武天皇のキサキで草壁皇子《くさかべのみこ》の母、文武天皇の祖母である持統天皇（六四五〜七〇二）

は、天武天皇の時代に「皇后」として天皇の政治を補佐しました。『日本書紀』巻第三十「持統天皇称制前紀」に「皇后、始《はじめ》より今に迄《いた》るまでに、天皇《すめらみこと》を佐《たす》けまつりて天下《あめのした》を定めたまふ。毎《つね》に侍執《つかえまつ》る際《あいだ》に、輙《すなわ》ち言《こと》、政事《まつりごと》に及びて、毗《たす》け補ふ所多し」（原漢文）とある通りです。

天武天皇が病気に伏せるようになると、皇后は息子で皇太子の草壁皇子とともに采配をふるうようになります。天武は「天下《あめのした》の事、大小を問《い》はず、悉《ことごと》に皇后《きさき》及び皇太子《ひつぎのみこ》に啓《もう》せ」（同巻第二十九「天武（天皇）紀」、原漢文）という遺言を残して亡くなりますが、天武の死後、草壁皇子の異母弟に当たる大津皇子の謀反が発覚したことなどから、皇后は草壁皇子をすぐに即位させず、中大兄皇子と同様、臨朝称制を行いました。天皇が即位せずに政務を行っているという点では日本的な称制ですが、息子に代わって母が政治を行うという点では、中国的であるとも言えます。いずれは息子を即位させるつもりでしたが、その草壁皇子が早世してしまったため、皇后は自ら天皇として立つことになります。

持統天皇に関する興味深い論文があります。歴史学者の直木孝次郎による「持統天皇と呂太后」です。

まず直木は、『日本書紀』巻第三十の「持統天皇称制前紀」に注目します。すなわち、

「政治的にもっとも重要なところにおいては、（中略）呂太后（呂后・高后）の伝記の文が採用されているのである」として、『日本書紀』持統天皇称制前紀の文章が『史記』の「呂后本紀」や『漢書』の「高后紀」からとられていることを指摘しているのです。なお『日本書紀』巻第九の神功皇后の記述にも『史記』や『漢書』からの影響があると思われることは、すでに触れた通りです。

さらに直木は、「持統自身にも、自分を呂太后に擬する考えがなかったとはいわれまい」とも書いています。持統天皇自身が『史記』ないし『漢書』を読んでいたとするなら、当然「呂后本紀」や「高后紀」も読み、呂后を意識していたのではないかと推察しているのです。

では、両者はまったく同じ道を歩んだかと言えば、そうではありません。呂后は高祖劉邦の死後、息子の恵帝劉盈《りゅうえい》が皇帝になったのに伴い、皇太后になりましたが、持統天皇は天武の死後、息子である草壁皇子の死去に伴い、自ら天皇になった。この点は違いますが、しかし女性でありながら権力を掌握し、強い権力の主体になっていくところは同じです。直木の指摘が正しければ、たとえ中国と日本の臨朝称制が同じではなかったとしても、古代の律令天皇制は中国の臨朝称制から影響を受けていて、両者は無縁でなかったことになります。やはり東アジア全体が一つの文化圏であり、その流れのなかで日本史もとらえる必要があると言えるでしょう。

女帝の時代

持統天皇が統治していた時代、大陸でも中国唯一の女帝、武則天(六二四?～七〇五)が誕生しています。彼女は則天武后とも呼ばれますが、最近では武則天のほうが一般的のようです。武則天というと皇帝のイメージですが、則天武后だと皇后どまりの印象が強くなり、皇帝としてあまり認めたくないというニュアンスが含まれるからです。

武則天は永徽《えいき》六(六五五)年、唐の高宗李治《りち》の皇后(武皇后)となり、天授《てんじゅ》元(六九〇)年に周の皇帝になります。皇帝の姓が李氏から武氏へと変わったわけで、儒教で言うところの易姓《えきせい》革命に当たります。

一方、持統天皇は天武天皇二(六七三)年に皇后となり、朱鳥《しゅちょう》元(六八六)年から臨朝称制を行っています。その状態が四年ほど続いてから、持統天皇四(六九〇)年に正式に天皇になりました。つまり偶然にも、武則天が皇帝になったのと同じ年に最高権力者の座についているわけです。

では、持統天皇は武則天の存在を知っていたのでしょうか。

『続日本紀《しょくにほんぎ》』巻第三の文武天皇の記述には、遣唐使が帰国してその報告をするくだりが出てきます。この遣唐使は大宝二（七〇二）年に大陸に渡り、慶雲元（七〇四）年に帰国しました。

唐から大宰府《だざいふ》に戻った遣唐執節使《しっせつし》（言わば全権大使）の粟田真人《あわたのまひと》は、初めて唐に着いたときのことを次のように話しています。

人がやってきて「何処からの使人か」と尋ねた。そこで「日本国の使者である」と答え、逆に「ここは何州の管内か」と問うと、答えて「ここは大周の楚州塩城県《そしゅうえんじょうけん》の地である」と答えた。真人が更に尋ねて「以前は大唐であったのに、いま大周という国名にどうして変ったのか」というと、答えて「永淳二年に天皇太帝（唐の高宗）が崩《ほう》御《ぎょ》し、皇太后（高宗の后、則天武后）が即位し、称号を聖神皇帝といい、国号を大周と改めた」と答えた。
（宇治谷孟《うじたにつとむ》『続日本紀』上）

以上は現代語に訳したものですが、この一節からわかるのは、遣唐使が帰ってきて初めて日本の朝廷は、武則天が皇帝になったのを知ったということです。言い換えれば、持統天皇は武則天の存在を知らなかったのです。

遣唐使が帰国したのは慶雲元（七〇四）年。持統天皇が死去したのはその二年前の大宝二（七〇二）年ですから、直木孝次郎が言うように、持統天皇は呂后を知っていたとしても、同時代の中国で女性が皇帝になっていたことは知らなかった。しかしながら、同時代に生きた持統天皇と武則天には、一つの共通点を見出すことができます。

「現御神」としての持統天皇と「弥勒菩薩」としての武則天

入江曜子は、持統天皇と武則天が即位した持統天皇四年および天授元年、すなわち六九〇年を「東アジアを支配する女帝にとって、画期的な年であった」とし、次のように述べています。

ヤマトでは持統が天皇の称号のもとに「現御神《あきつみかみ》」としての治世をひらき、唐では武則天がこの年九月九日、「神皇」の称号のもとに「下生《げしょう》した弥勒菩薩《みろくぼさつ》」として「唐」を廃し「周」という国を建てる。（中略）共に人間以上の存在「現御神」と「下生した弥勒菩薩」というフィクショナルな形をとったことの意味は深い。

（前掲『古代東アジアの女帝』）

持統は「現御神」として、武則天は「下生した弥勒菩薩」として新たな世をひらく。そこから共通して見えるのは、女性が権力の座につく際、女性であるというハンディを乗り越えるためにどのようなイデオロギーを必要としたかということです。

中国の皇帝は、儒教の影響により、皇帝自身が天を祭ります。これを郊祀祭天《こうしさいてん》、略して「郊祀」と言います。

北京では、明清代の皇帝が天を祭った宗教的な場所である天壇《てんだん》が天壇公園として整備されています。この公園は、故宮《こきゅう》（紫禁城《しきんじょう》）の南側にあり、距離的には少し離れています。南の郊外を「南郊」と言いますが、郊外で行う祭祀なので、これを郊祀と言うわけです。

ところが最近の研究によれば、皇帝自身が必ずしも郊祀を行っていたわけではなかったことがわかっています（金子修一『中国古代皇帝祭祀の研究』）。唐の時代は、皇帝ではなく官僚が代わりに行っていたケースが非常に多かったのです。つまり、代拝が常態化していた。しかし、武則天は自ら祭祀を行っています。皇帝自ら祭祀を行うことを「親祭《しんさい》」といいますが、それを復活させるのです。

一方、持統天皇は、即位後初めての新嘗祭《にいなめさい》に当たる大嘗祭《だいじょうさい》を持統天皇五（六九一）年一一月一日に行ったと『日本書紀』に書かれています。武則天も持統天皇も、祭祀をしっかり行うことによって、自分が皇帝なのだ、あるいは天皇なのだということを自覚すると同時に、周囲の人々に広く知らしめる。そうしたパフォーマンス的な要素があったと考えられます。

母から娘への皇位継承

持統天皇はその後、孫である文武天皇へ譲位し、自らは初の太上天皇に即位します。太上天皇は、大宝元（七〇一）年の大宝律令制定に際して、「儀制令《ぎせいりょう》」天子条に条文化されました。歴史学者の中野渡俊治《なかのわたりしゅんじ》は、「退位した君主の存在を基本法内に規定し、恒常的な存在を想定したのは、古代日本が規範とした中国にも見られず、日本の特色である」と述べています（『古代太上天皇の研究』）。

文武天皇が即位すると、その后である藤原宮子《ふじわらのみやこ》の父親にあたる藤原不比等《ふひと》が政治の表舞台に登場しますが、持統天皇もまた太上天皇として権力を保ちます。つまり、持統天皇、文武天皇、そして外戚の藤原不比等の三人が権力をもつことになるわけです。

『続日本紀』巻二によれば、持統太上天皇は亡くなる直前の大宝二（七〇二）年一〇～一一月に三河、尾張、美濃、伊勢、伊賀各国を巡幸しています。旧三河国に属する愛知県豊川市の宮路山《みやじさん》は、このときに持統が国見を行ったと伝えられる山であり、頂上には一九一六（大正五）年に建てられた「宮路山聖跡」の碑が残っています。

天皇と太上天皇の二者が存在する点に天皇不親政の原理を見出したのが、法制史学者の水林彪《みずばやしたけし》でした。水林は『天皇制史論』のなかで、律令天皇制において唐の法令にない太上天皇と、天皇の后を供給する藤原氏が「天皇家の中の天皇以外の者」として権力をもち、「天皇それ自身はかえって単なる権威となった」体制が成立したことで、江戸時代まで続く天皇不親政の原理が成立したと解釈しました。

文武天皇が早世したあと、慶雲四（七〇七）年に元明《げんめい》天皇（六六一～七二一）という女性天皇が誕生します。元明天皇は草壁皇子の后で、文武天皇の母であり、その治世中に和同《わどう》開珎《かいちん》の鋳造や平城京の遷都が行われたことで知られています。息子から母に皇位が継承されたわけです。

この元明天皇で特筆すべきは、それまでの女性天皇とは異なり、皇后を経ずに天皇になったことです。また、二五歳で世を去った文武天皇から、嫡子の聖武天皇への中継ぎ的な役割を果たしていました。しかし、実際には皇位を娘である元正《げんしょう》天皇に譲り、自身は太上天皇になりました。今度は母親から娘に皇位が継承され、太上天皇も天皇も女性という、稀有な時代の到来です。

当時は、男性に比べて女性の平均寿命が極端に長かったため、こうした現象が起こり得ました。生没年がわかっている女性天皇や皇后の亡くなった年齢を見ると、推古天皇が七五歳、皇極・斉明天皇は六八歳、持統天皇は五八歳、元明天皇が六一歳、元正天皇が六九歳、聖武天皇の后に当たる光明《こうみょう》皇后は六〇歳、孝謙・称徳天皇は五三歳。いずれも五〇歳以上は生きています。

一方、生没年がわかっている男性の天皇や皇子はどうかと言えば、厩戸皇子（聖徳太子）が四九歳、天智天皇が四六歳、壬申《じんしん》の乱に敗北して縊死《いし》した弘文《こうぶん》天皇（大友皇子《おおとものみこ》）が二五歳、草壁皇子が二八歳、文武天皇が二五歳、恵美押勝《えみのおしかつ》の乱で淡路島に流された淳仁《じゅんにん》天皇が三三歳です。聖武天皇は男性としては長生きで五六歳まで生きていますが、だいたい二〇代から四〇代までで亡くなっています。このように、女性のほうがだいぶ長生きしていることが一目瞭然です。

そうすると、女性の場合は先に触れたような天皇になれる年齢的条件をクリアしやすいばかりか、いったん譲位して、また天皇になることも可能なわけです。男性でそうしたケースは一度もありません。二回天皇になったのは、皇極・斉明天皇と孝謙・称徳天皇という二人の女性天皇だけです。

元明天皇の場合は、文武天皇の遺児である聖武天皇がまだ幼かったために四七歳で即位し、五五歳で娘の元正天皇に譲位し、太上天皇になりました。母から娘への皇位継承が行われたのは、この一例だけです。

元正天皇（六八〇～七四八）は、三六歳で即位、神亀《じんき》元（七二四）年に四五歳で譲位して太上天皇となり、六九歳まで生きています。彼女は生涯独身であり、「卑弥呼《ひみこ》型」とも言える初めての天皇です。それまでの女性の天皇はみんな結婚して、子どもを生んでいます。しかし、これ以降の女性天皇はすべて独身であり、子どもはいません。ただし元正天皇の場合、本当は甥であるにもかかわらず、聖武天皇を「我子《あがこ》」と呼び、姉と弟である皇極天皇と孝徳天皇の関係同様、擬制的な母子関係が築かれていました。

考えてみれば、聖武天皇は男性ではありますが、常に有力な女性たちに囲まれていたと言えます。太上天皇となった元正天皇がいて、光明皇后という聡明な皇后がいて、さらに娘の阿倍内親王（のちの孝謙天皇）が初めての女性皇太子になるからです。

「内発性を含む資源」と「外圧」による女性天皇時代

先に大宝二（七〇二）年に派遣された遣唐使の話をしましたが、この遣唐使の派遣によって大きく変わったことがあります。それは「倭」から「日本」への国号変更です。

古代文学を研究する神野志隆光《こうのしたかみつ》は、『「日本」とは何か』のなかで「大宝の遣唐使が『日本国』を名乗り、武后がそれを承認して以後、『日本』となったということがたしかめられる。（中略）中国側が認めてはじめて有効なのである」と述べています。遣唐使が「日本国」を名乗り、武后すなわち武則天がそれを承認して以後、「日本」になった。つまり、中国に認められないとダメだという国際関係がうかがえます。

そうした力関係のなか、粟田真人が帰国し、中国では武則天という女性皇帝が誕生し、国号も周に変わったと報告しました。粟田真人が帰国するのが慶雲元（七〇四）年で、元明天皇が即位するのはその三年後の慶雲四（七〇七）年です。

日本古代史を専門とする荒木敏夫は、この点に注目して「周（唐）の『女主』による天下統治の評価の変化が、文武期末期における次期王位の選定問題にまったく無縁であったとは考えにくい」（前掲『可能性としての女帝』）と述べています。つまり、元明天皇が誕生する、あるいは元明以降も相次いで女性が天皇になるという背景に、遣唐使の報告があるのではないかと推察しているわけです。

そもそも七世紀の日本が律令制を採用したのは、先進国である中国にならったからでした。天皇についても、「女王」が天下を統治するようになった中国に合わせなければならない。これまでと同様、これからも女性が天皇となってもよい——このような考えが出てきても不思議ではないということです。

時代が飛びますが、三浦まり編著『日本の女性議員』では、日本国憲法で男女平等が規定されたのは、戦前から続く婦人参政権運動という「内発性を含む資源」に加え、敗戦による「外圧」があったからだと記されています。同じことが、元明天皇の即位についても当てはまるのではないでしょうか。つまり推古天皇以来、女性天皇がすでに存在していたという「内発性を含む資源」に加え、当時の先進国であり国際基準となっていた中国という「外圧」が働いたことが、女性天皇の時代を長続きさせたのではないかということです。

武則天を見習った光明皇后と孝謙天皇

武則天の影響は、光明皇后や孝謙天皇の慈善活動にも表れています。

聖武天皇の皇后である光明子《こうみょうし》、すなわち光明皇后（七〇一〜六〇）は、藤原不比等と県《あがた》犬養三千代《いぬかいのみちよ》、すなわち橘《たちばなの》三千代の娘で、皇族以外で初めて皇后になった女性です。最晩年（天平宝字《てんぴょうほうじ》二〈七五八〉年八月）に贈られた正式な尊号は、天平応真仁正《てんぴょうおうしんにんしょう》皇太后と言います。さらに聖武と光明の娘である阿倍内親王は、史上初の女性皇太子になり、即位して孝謙天皇となります。

光明皇后は、貧窮者や病者、孤児などの弱者に対する救済施設である悲田《ひでん》院や施薬《せやく》院を建てたことで有名ですが、こうした慈善事業は武則天が行った悲田養病坊《ようびょうぼう》の事業を見習ったのではないかと考えられています。悲田養病坊とは、悲田院、療病院、施薬院を兼ねる総合福祉施設のようなもので、寺院に設置されました。

さらに光明皇后の慈善事業は、娘の阿倍皇太子にも引き継がれていきます。歴史学者の勝浦令子《のりこ》は『孝謙・称徳天皇』のなかで「阿倍内親王は、母が力を注いだ救済活動が中国唯一の女性皇帝による政策の影響であったことを学んでいった」と書いています。

また勝浦は、武則天と光明皇后、阿倍皇太子との共通点として、菩薩が方便として女身になるという仏教の女性観から影響を受けていたことも指摘しています。先にも述べたように武則天は皇帝になるにあたり、女性であるというハンディを克服するため、弥勒菩薩の化身であるというイデオロギーを利用しました。唐の宮廷の仏教文化を直輸入した阿倍皇太子は、それを意識し、女性であっても天皇になれるのだという考え方を学んだのではないでしょうか。

阿倍皇太子はその後、孝謙天皇として即位し、皇位を淳仁に譲ってから出家します。孝謙が仏教にのめり込んだ背景には母親からの影響があり、その背後には武則天の存在がありました。つまり、武則天の影響は、生き方そのものにまで及んでいたとの見方ができるのです。しかし、それがのちに孝謙天皇の評価にも大きく影を落とすことになります。

「性豪」観の台頭

天平勝宝《しょうほう》元（七四九）年、聖武天皇は男性天皇としては初めて譲位し、孝謙天皇が三二歳で即位しました。これにより、孝謙天皇のほか、出家した聖武太上天皇、皇太后となった光明皇后、そして光明皇后の甥に当たる藤原仲麻呂《なかまろ》の四人が台頭しますが、なかでも大きな権力を握ったのが光明皇后でした。それまでの皇后宮職《ぐうしき》は改組されて紫微中台《しびちゅうだい》となり、皇太后の家政機関に加えて政治・軍事機関としての役割を兼ね備えるなど、権限が強化されました。長官に当たる紫微令には藤原仲麻呂が就任しました。

歴史学者の三浦周行《ひろゆき》は、光明皇后が神功皇后と同様、聖武天皇の死去後に皇太后として、約五年間にわたって孝謙天皇の事実上の摂政であり続けたことを重視するとともに、「支那伝来の思想」である「男尊女卑」の立場から、「光明皇太后の政治を盲目的に非難するは決して公正の見といはれまい」としています（『日本史の研究』第一輯《しゅう》）。

孝謙天皇（七一八〜七〇）の治世に、聖武天皇がかねて造立を命じていた東大寺の大仏が完成し、天平文化が最盛期を迎えます。その後、四一歳で孝謙天皇はいったん譲位し、天武天皇の孫であり、藤原仲麻呂が擁立した淳仁天皇が一時的に皇位につきます。太上天皇となった孝謙に近づいていったのが、僧の道鏡《どうきょう》です。

藤原仲麻呂改め藤原恵美朝臣押勝は、孝謙太上天皇と道鏡の関係に危機感を覚えます。その背景として、勝浦令子は「押勝には、武則天が妖僧薛懐義《せつかいぎ》を寵愛したスキャンダルから連想した危惧があったのではないか」（前掲『孝謙・称徳天皇』）と指摘しています。

武則天は、妖僧をかなり寵愛したと言われています。そのことを知っていた押勝は、孝謙太上天皇に苦言を呈し、二人の対立関係があらわになります。光明皇太后の死去により、後ろ盾を失っていた押勝は窮地に立たされ、政権を奪おうと反乱（恵美押勝の乱）を試みますが失敗し、処刑されます。その一件に伴い、淳仁天皇も廃位され、淡路島に流されてすぐに死んでしまいました。

そこで孝謙太上天皇はもう一度、称徳天皇として即位します。女性天皇の復活です。称徳は男性に劣らず女性にも位階や勲等を授与し、律令制下の新国造に女性を任じるなど、女性を重用しました（同）。

しかし称徳以降、江戸時代まで日本では女性天皇は登場しません。また中国では、武則天以降、女性の皇帝はいません。その大きな理由に、後世になって武則天と称徳天皇の負のイメージがつくられ、広まっていったことが挙げられます。

負のイメージとは、直截に言うと二人は「性豪」であるという見方です。明代には『如意君伝《にょいくんでん》』という、武則天を主人公とした好色小説が登場します。一方、称徳天皇は、平安初期の説話集『日本霊異記《りょういき》』や鎌倉初期の説話集『古事談』などでかなりエロチックな描写がされています。以来、称徳天皇の性豪観は何度も再生産され、明治や大正になっても繰り返し語られていきます。

もちろんこれらの話は事実にもとづかないものでしたが、称徳天皇が道鏡を法王にしたこと、さらには九州豊前《ぶぜん》の宇佐八幡宮、現在の宇佐神宮から「道鏡が皇位につくべし」との神託があったとして、道鏡を天皇にしようとしたことは確かです。しかし実際には、「宇佐八幡神託事件」として知られているように、この企ては和気清麻呂《わけのきよまろ》の報告によって潰され、道鏡が天皇になることはありませんでした。

勝浦令子は、「『天』が授ける者であれば皇統以外でも可能とする皇位継承を模索」（同）した革新的な女性天皇であったと、称徳天皇の試みを積極的に評価しています。ここで称徳が再び譲位し、道鏡が天皇になっていれば、王朝が交代し、「万世一系」ではなくなっていました。退位した称徳が仏教式の祭祀に専念し、道鏡が天皇として政治を行えば、琉球王国における聞得大君《きこえおおぎみ》と呼ばれる最高神女（ノロ）と国王のように、シャーマン的女性とその補佐役の男性という関係になっていた可能性もあります。

しかし、宗教学者の阿満利麿《あまとしまろ》によれば、その可能性はありませんでした。「たとえ自ら仏教徒だと名乗る天皇であっても、朝廷の祭祀の一切を仏式に切り替えることは不可能」であり、「道鏡がいかに高位に登っても、朝廷の祭祀を仏教式に変更することは不可能」だったからです（『日本精神史』）。道鏡の失脚と称徳の死をきっかけに、朝廷を中心として、急速に仏教色の払拭と神祇祭祀の整備が進みました。民俗学者の高取正男は、ここに神道の成立を見ています（『神道の成立』）。

神武《じんむ》以来の皇統が連綿と続く「万世一系」こそ日本の「国体」の中核と見なす明治以降のイデオロギーに照らせば、王朝の交代は決して容認できないものでした。道鏡が逆賊とされ、和気清麻呂が忠臣と称えられるようになるゆえんです。

吉本隆明「南島論」をめぐって

評論家の吉本隆明は、一九六〇年代から八〇年代にかけて、「南島論」をはじめとする一連の論考を発表しています。それらの論考は最近、『全南島論』にまとめられましたが、天皇制の起源を南島、すなわち南西諸島に求めようとする吉本の歴史観が、ここにはよく現れています。同書の解説で、文芸評論家の安藤礼二はこう述べています。

列島における国家の起源には〈母系〉制の社会が位置づけられ、その最も古くまた最も典型的な構造は、「〈姉妹〉が神権を掌握したときは〈兄弟〉が政権を掌握する」というものであった。『古事記』ではアマテラスとスサノオの神話として残され、『魏志倭人伝』では卑弥呼とその男弟――霊的な宗教権力をつかさどる女王（姉）と現実

> 的な政治権力を掌握するそのパートナー（弟）――の関係性として残された構造である。しかしながら、列島の中心部では、いつしかその構造に変化がおとずれる。姉妹と兄弟の「対」が天皇という「一」に変貌をとげてしまうのだ。その変化は、〈母系〉の社会から〈父系〉の社会への変貌とパラレルである。（中略）
>
> 吉本隆明は、列島に生まれた国家が変容を重ねながらも、現代においてもいまだに呪術宗教的な共同の幻想であることを明らかにした。それでは、なぜ『共同幻想論』に引き続いて、来たるべき「南島論」が書き上げられなければならなかったのか。列島の中心部で形成された天皇制国家は、歴史以前から長く続く〈母系〉制社会に「接《つ》ぎ木」され、その構造を神話として収奪した、新しい体制に過ぎなかったからだ。南島には、その「接ぎ木」された天皇制国家を容易に相対化してしまえるほど古層の、アジア的な原初の共同体を保った体制が維持されていた。

南島には、「〈姉妹〉が神権を掌握したときは〈兄弟〉が政権を掌握する」「〈母系〉制」の構造が残っていました。琉球王国の聞得大君と国王の関係もそうです。「はじめは王の姉妹が聞得大君になり、そのほうが位どりとしては高位にあって、その御託宣によって王が政治権力を発揮するという形」（前掲「南島論」）だったからです。それが列島では、邪馬台国の「ヒミコと弟王」の関係に見られたというのです。

しかし最近の研究では、卑弥呼は単なる「霊的な宗教権力をつかさどる女王」ではなく、男弟同様に「政治権力」をもっていたことを強調する説が有力になっています。神功皇后もまた卑弥呼同様、シャーマンであるとともに政治権力をもっていました。この点では吉本の歴史観そのものが問い直しを迫られているわけです。

また、列島の中心部で構造に変化が訪れ、「姉妹と兄弟の『対』が天皇という『一』に変貌をとげてしまう」という解釈も再検討が必要なように思われます。なぜなら神功皇后以降も、天皇の（祖母や擬制上の母も含む）「母」が権力を握る構造が残り続けたことは、本章で述べた通りだからです。それは「南」よりはむしろ「北」、すなわち中国や朝鮮との比較によって明らかになるものです。

なお、原始的な段階で母系制がまずあり、それが父系制に移行したという吉本隆明の説は、哲学者の柄谷行人《からたにこうじん》によっても否定されています。柄谷によれば、どちらでもない状態が最初にあり、次に単系（母系ないし父系）または双系というかたちをとったのであり、中国や朝鮮は父系制、日本は父系と母系の双方が混在する双系制になりました。そして次に、それらがそれぞれ家父長制へと移行したのです（『〈戦前〉の思考』および『遊動論』）。

義江明子によれば、双系制の日本では男女の年長者が指導、統率し、男尊女卑観念も乏しかったのですが、孝謙が武則天も用いた「菩薩の化身としての女身」説を取り入れたことは、八世紀半ばには中国的な父系観念／男性優位の思想が支配層を中心として日本にも浸透しつつあったことを示しています（前掲『日本古代女帝論』）。

しかし、たとえ家父長制へと移行しても、中国や朝鮮で女性が寡婦になれば権力をもったのと同様、日本でも女性の年長者が権力をもつ双系制の政治文化が消えたわけではありません。次章では、平安時代にこうした政治文化がどう受け継がれたかについて述べてみたいと思います。

第二章

母后が権力を握った時代

——平安時代

女性は本当に権力を失ったのか

第一章では奈良時代までの女性がいかにして権力を掌握してきたかを見てきました。飛鳥・奈良時代は日本史上唯一、女性天皇が連続して登場した時代で、そうした背景には少なからず中国という大国の影響があったことを述べました。

しかし、平安時代になると状況は一変します。中国との交易が途絶えるのに加えて、藤原氏が外戚として実権を握る摂関政治や、天皇の父や祖父などに当たる男性が上皇として権力を握る院政が行われるようになり、女性天皇は当面出なくなります。一見すると女性は権力から排除されていったかのように思えます。ではこの時代、本当に女性は蚊帳《かや》の外に置かれていたのでしょうか。

話はどうやらそう単純なことではなさそうだというのが、私の見立てです。女性天皇は確かに姿を消しますが、権力構造を丹念に解きほぐしながら見ていくと、天皇の母親や祖母、あるいは母親に見立てられた人物が、平安時代以前と同じように天皇の背後に存在し、摂政や関白となる藤原氏や上皇よりも近くで天皇を補佐するようになることがわかるからです。

奈良時代との違い

平城京から長岡京へ、次いで平安京へと遷都したのは、桓武天皇でした。桓武は長岡京に遷都してから、あたかも中国皇帝のごとく「郊祀祭天」、すなわち郊祀を都の南郊で二度にわたり行ったように、「天」から天命を受けた天子として振る舞おうとしました。そして皇太子になった安殿《あて》親王（のちの平城《へいぜい》天皇）に譲位することなく、終身在位しました。これは桓武が、終身在位を原則とする中国皇帝を範としたからでした（前掲『女帝と譲位の古代史』）。

ところが、桓武のような天皇はあくまでも例外でした。平安時代には、生前退位して上皇や法皇となる天皇が相次いだからです。順に挙げると、平城、嵯峨《さが》、淳和《じゅんな》、清和《せいわ》、陽成《ようぜい》、宇多《うだ》、醍醐《だいご》、朱雀《すざく》、冷泉《れいぜい》、円融《えんゆう》、花山《かざん》、一条、三条、後朱雀、後三条、白河、鳥羽、崇徳《すとく》、後白河、二条、六条、高倉の各天皇で、いずれも男性です。このうち醍醐、一条、後朱雀、二条の各天皇は事実上の終身在位で、死去する直前に譲位したり出家したりしています。

なぜこれほど譲位する天皇が相次いだかと言うと、後述する死をケガレと見なす観念の広まりに伴い、天皇という清浄であるべき位にある人間は「死なない」という考え方が確立されたからです。したがって後一条や後冷泉のように終身在位した天皇であっても、天皇の死をしばらく秘し、生きているかのごとく譲位の手続きを行う「如在之儀《にょざいのぎ》」が行われました（井上亮《まこと》『天皇と葬儀』）。

奈良時代の太上天皇と大きく異なるのは、上皇が天皇と同居しない点です。奈良時代は太上天皇と天皇が同居していましたが、平安時代になると天皇とその母親が同居する形に変わります。そして、その母親のほとんどを藤原氏、次いで平氏の出身者が占めるようになります。

和熹鄧皇后に比せられた橘嘉智子

ところが例外があり、それが嵯峨天皇（七八六～八四二）の皇后、橘《たちばなの》嘉智子《かちこ》（七八六～八五〇）という人物です。彼女は敏達天皇の血筋を引く橘氏からの皇后です。禅宗の檀林《だんりん》寺《じ》という寺を築いたことから、檀林皇后と呼ばれました。ちなみに、現在京都市右京区にある真言宗系の檀林寺は戦後に再興されたものであり、平安時代の檀林寺とは直接の関係はありません。

嘉智子は嵯峨天皇即位後の大同四（八〇九）年に夫人となり、弘仁《こうにん》元（八一〇）年に正《まさ》

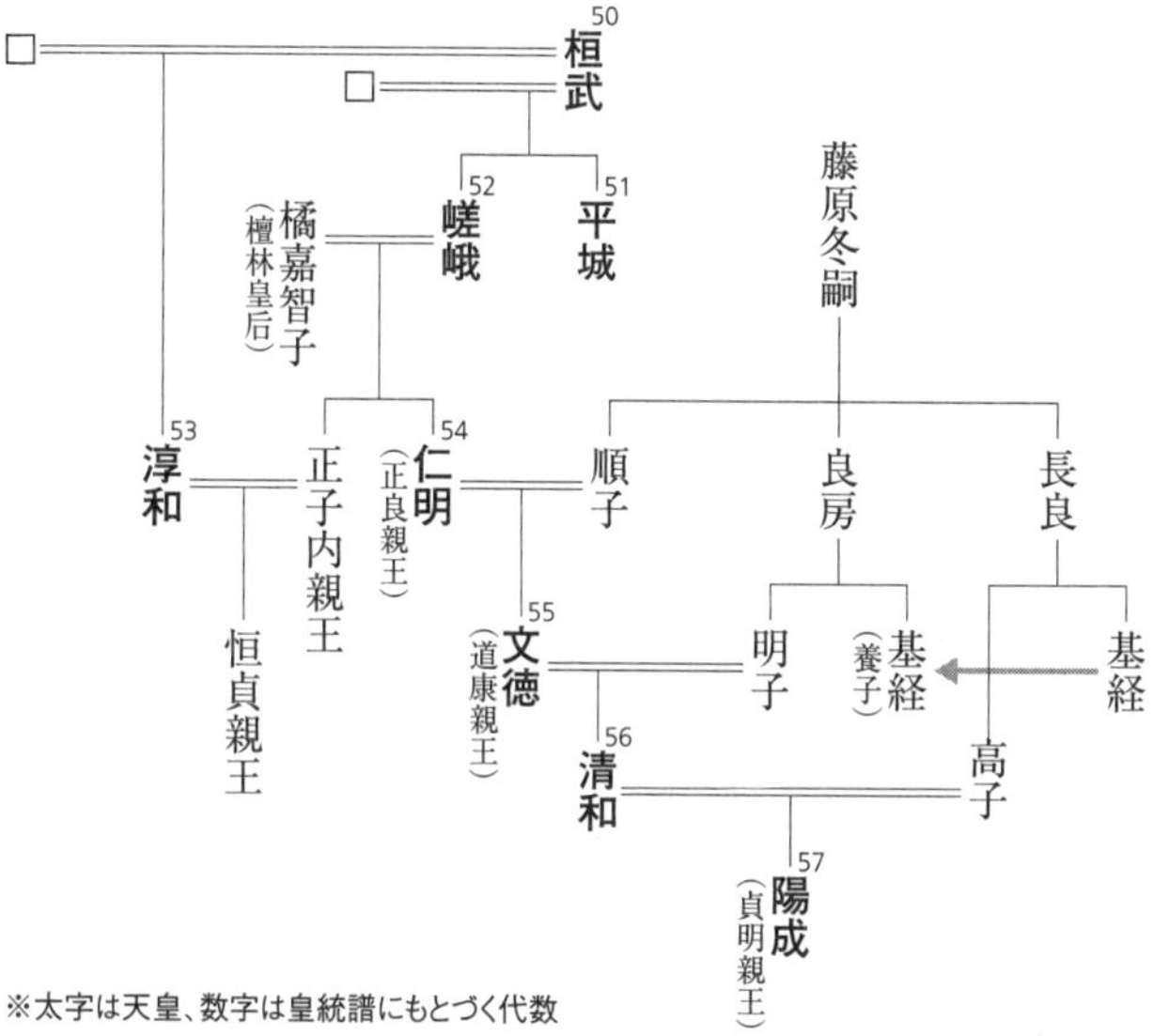

※太字は天皇、数字は皇統譜にもとづく代数

良《ら》親王（のちの仁明《にんみょう》天皇）を生んでいます。皇后になったのは、弘仁六（八一五）年です。弘仁一四（八二三）年には嵯峨天皇が淳和天皇（七八六〜八四〇）に譲位して上皇になり、嘉智子は皇太后になります。

　さらに天長一〇（八三三）年、淳和天皇は、仁明天皇（八一〇〜五〇）に譲位し、嘉智子は太皇太后になりました。中国同様、日本でも皇太后が天皇の母ないし先代の天皇の正室に与えられる尊称であるのに対して、太皇太后は天皇の祖母ないし先々代の天皇の正室に与えられる尊称を意味します。一方、譲位した天皇は先代の天皇であろうが先々代の天皇であろうが、あるいは天皇の父であろうが天皇の祖父であろうが、すべて太上天皇の略称である上皇と呼ばれました。

淳和は譲位後に上皇になっていましたが、嵯峨もまだ上皇として生きていたため、しばらく上皇が二人いるという状態が続いていました。しかし、承和七（八四〇）年に淳和、承和九（八四二）年に嵯峨が死去します。二人が相次いで死去したことで今度は上皇が一人もいなくなり、太皇太后としての嘉智子の影響力が増したのです。

嵯峨上皇の没後、嘉智子は道康《みちやす》親王（のちの文徳《もんとく》天皇。八二七〜五八）の立太子を進め、藤原良房《よしふさ》による政界再編にくみしました。これが承和《じょうわ》の変です。伴健岑《とものこわみね》、橘逸勢《たちばなのはやなり》らが皇太子の恒貞《つねさだ》親王を奉じて謀反《むほん》を企てたとして流罪になり、親王が廃されました。この一件は、甥の道康親王を皇太子にしたかった藤原良房の陰謀と言われ、嘉智子も加担していました。

これまでも何度か述べていますが、男性より女性のほうが一般に長生きします。そのため、生き残った女性が結果的に権力をもつという事態が歴史上、しばしば起きています。皇后、皇太后、そして太皇太后として権力を保ち続けた嘉智子は、まさにその好例と言えるでしょう。

元慶《がんぎょう》三（八七九）年に完成した『日本文徳天皇実録』巻第一の嘉祥《かしょう》三（八五〇）年五月五日条には「時に人以て漢の鄧皇后に比す」（原漢文）とあるように、嘉智子は死後、後漢の和帝の皇后、和熹《わき》鄧《とう》皇后（八一～一二一）に比せられています。和熹鄧皇后は和帝の死後、皇太后（鄧太后）として臨朝称制を行いました。

これについて、古代史研究者の梅村恵子は「嵯峨天皇が中国的な専制君主として権力を集中していく過程で、橘嘉智子もまた、中国の皇后を意識して行動したようである」と述べています（「天皇家における皇后の位置」）。この点では武則天を意識していた光明皇后と似ていなくもありませんが、光明皇后は内裏《だいり》の外に皇后宮職、次いで紫微《しび》中台《ちゅうだい》を置き、自立した経済機構を営んでいたのに対して、橘嘉智子は内裏に本拠をもち、嵯峨の譲位後も夫と同居しています（前掲『女帝と譲位の古代史』）。皇后の自立性が弱まり、天皇の経済と一体化してしまったのです。

皇后不在時代における天皇の母の役割

嘉智子が太皇太后になって以降、しばらく皇后は立てられませんでした。皇后のいない状態は、仁明天皇から宇多天皇までのじつに六代に及んでいます。このため、仁明の次代に当たる文徳から宇多の次代に当たる醍醐までの六代の天皇は、すべて側室から生まれています。

第一章で述べたように、王朝時代の中国では必ず皇后が存在する上、皇帝と皇后は一対一の関係で、皇帝が変われば皇后も変わるのが基本でしたが、日本の場合はそうではありませんでした。ゆえに皇后がいない場合が少なくなく、多くの天皇は側室から生まれました。また、皇后を中宮《ちゅうぐう》と呼ぶこともありました。中宮とはもともと皇后の御所を指していましたが、それがいつしか皇后の別称として用いられるようになったのです。

以下は余談ですが、二〇一七年八月に中国・ハルビンで入った書店の人物コーナーには、歴代皇帝の本を並べた棚の隣に歴代皇后の本を並べた棚が独立して置かれていました。また歴代皇帝の伝記を網羅した『中国皇帝全伝』のほかに、歴代皇后の伝記を網羅した『中国皇后全伝』という本も並んでいました。いずれも日本では考えられないことです。

本題に戻ります。皇后不在の時代にあって、権力に最も近いところにいたのは、やはり天皇の母親となる側室でした。

嘉祥三（八五〇）年、仁明天皇が死去すると、第一皇子の道康親王、すなわち文徳天皇が即位します。文徳の即位に際して注目すべきは、仁明天皇の女御《にょうご》で、文徳天皇の母である藤原順子（八〇九～七一）が皇太夫人になったことです。女御とは本来、天皇の寝所《しんじょ》に侍する側室のことで、位は皇后、中宮に次ぎましたが、このときは皇后も中宮もいませんでしたので、最高位を意味しました。皇太夫人は、天皇の生母に与えられる称号です。皇太夫人となった順子は、さらに斉衡《さいこう》元（八五四）年、皇太后になっています。女御から皇太夫人を経て皇太后になったのは、順子が初めてでした。

日本女性史を研究している服藤《ふくとう》早苗は「皇太夫人の称号を授与したのは、天皇大権を代行、後見する権能の付与であることは間違いないであろう」（『平安王朝社会のジェンダー』）と指摘しています。このときは、上皇がいなかったことが結果として順子の地位を高めることになったのかもしれません。ともあれ、上皇の代役として、天皇の母親が登場するということが実際に起きていたのです。

藤原順子から藤原明子への権力移行

皇太后となった藤原順子はその後、清和天皇（八五〇～八〇）の即位に際しても後見役を果たしたのではないかと言われています。

天安二（八五八）年、文徳天皇が在位したまま死去し、清和天皇が九歳で即位します。

一五歳で即位した文武天皇よりもさらに幼い天皇の誕生です。

このときもまた、上皇はいません。清和天皇は内裏に移らず、そのまま皇太子時代の居所である東宮《とうぐう》に住み続けましたが、文徳の死去から二日後に清和と同じ輿《こし》に乗って冷然院《れいぜんいん》から東宮に移り、東宮で同居したのは、生母の藤原明子（八二八〜九〇〇）ではなく、祖母の藤原順子です。歴史学者の河内祥輔《こうちしょうすけ》はこの点に注目し、「順子は幼帝の出現という事態の中で、何らかの役割を果しているのではないかと予想されよう」（『古代政治史における天皇制の論理（増訂版）』）と述べています。

天皇と同居した「母」（この場合は祖母）も、順子が初めてでした。それにしても、なぜ清和にとって生母に当たる明子ではなく、祖母に当たる順子が同居したのでしょうか。じつは、このときまだ明子は皇太后ではなく、女御の身分にありました。また順子もすぐに太皇太后にはならず、皇太后のままでした。正式に称号を与えられなければ、皇太后や太皇太后という地位につくことはできなかったのです。ゆえに幼い清和天皇が即位した際、当時はまだ皇太后だった順子による臨朝称制が行われた可能性があるのです。

ただ、その状態は長くは続きませんでした。順子は八カ月ほどで東宮を退出し、清和天皇と別居します。というのも、即位当時はまだ女御だった明子に、順子と同じく皇太夫人という称号が授与され、順子に代わって明子が息子の清和天皇と東宮で同居するようになったからです。

さらに貞観《じょうがん》六（八六四）年、順子は太皇太后、明子は皇太后になります。つまり称号が付与されたことによって、ようやく天皇の母親が東宮ではなく内裏で天皇と同居し、天皇を後見する体制が整ったわけです。

明子が皇太后になった時期は、摂関政治の幕開けとも重なっています。少しさかのぼりますが、清和天皇が即位する前の斉衡四（八五七）年、順子の兄で明子の父、藤原良房（八〇四〜七二）が太政大臣《だじょうだいじん》になり、清和天皇の即位とともに天皇を後見しました。良房は貞観八（八六六）年、皇族以外の人臣として初めて摂政となり、ここに藤原氏による摂関政治が始まります。

摂関政治の下では、摂政や関白となった外戚の男性が、天皇に代わって政治の実権を握っていたとされています。しかし、良房が摂政になったからといって、皇太后である明子が清和天皇の後見役から退いたわけではありませんでした。つまり摂関政治における権力構造というのは、単純に外戚の男性に権力が一元化されるわけではなく、天皇を身近に後見していた母親を含めた、より複雑なものだったと考えられるのです。

藤原基経の辞表にみる「臨朝」

摂関政治においても、天皇の母親は依然として権力を失わずにいたのではないか。その考えを裏付ける例として、藤原基経《もとつね》（八三六〜九一）が摂政に任じられたときのエピソードがあります。

貞観一八（八七六）年、今度は清和天皇が九歳の皇太子貞明《さだあきら》親王、すなわち陽成《ようぜい》天皇（八六八〜九四九）に譲位します。また幼帝の誕生です。清和天皇は上皇になり、藤原基経を摂政に任命しました。しかし、このとき基経はいったん辞表を提出しています。結局のところ引き受けていますから、形式上のことだったと思いますが、興味深いのはこの辞表に書かれたとされる文章です。

臣謹みて前記を検《けん》ずるに、太上天皇の在世に、未だ臣下の摂政を聞かず。幼主即位の時、或いは太后の臨朝有り。（「本朝文粋《ほんちょうもんずい》」巻四。原漢文）

臣謹みて故事を検《かんが》ふるに、皇帝の母は必ず尊位に升《のぼ》る。又前修を察《かんが》ふるに、幼主の代、大后臨朝す。（菅原道真《すがわらのみちざね》「菅家文草《かんけぶんそう》」巻十。原漢文）

『本朝文粋』は藤原明衡《あきひら》撰による平安初期から中期にかけての漢詩文集、『菅家文草』は菅原道真が著した漢詩文集です。表現は少し異なりますが、どちらも同じことを言っています。

嚙み砕くと、清和が上皇として在世しているときには摂政は置かれるべきではないとして、陽成天皇が幼年の間は、母親の藤原高子（八四二～九一〇）が政治を後見してはどうかという提案をしています。要は、清和上皇は基経を摂政に任じようとしたのに対し、基経は「いや、それは前例に反するではないか」と待ったをかけ、逆にこういう場合には皇太后に当たる母親が後見するものだと指摘しているのです。この提案を受けて、高子は皇太夫人となり、基経は摂政になっています。

基経の辞表では「臨朝」という言葉が目を引きます。臨朝称制に触れていることは間違いありませんが、気になるのは、基経は前漢以来の中国の臨朝称制についてどれほど知っていただろうかということです。

第一章で述べたように、中国の臨朝称制は、幼帝に代わって皇太后が政令執行することを意味します。一方、古代日本においては、天皇が不在のときに皇太子や皇后が代わって政治を行うことを指していました。しかし、ここでの「臨朝」は幼帝に代わってその母親が政治を行うことを意味していますので、古来の日本的な意味よりも、中国的な意味に近いと考えられます。

遣唐使が廃止されたのはこの一件よりあとの寛平《かんぴょう》六（八九四）年ですから、中国から新しい情報が入ってきていた可能性はあります。日本古代史を専門とする瀧浪貞子《たきなみさだこ》によれば、基経は学問好きで、唐の白居易《はくきょい》の詩文集である『白氏文集《はくしもんじゅう》』をそらんじていました（『藤原良房・基経』）。しかしどの程度、基経が中国の事情に通じていたのかは、判然としません。

なお服藤早苗は、「中国の太后臨朝は、先代皇帝の嫡妻としての機能・性格であり、当然、血縁によらない親子関係の場合もあった。しかし、我が国では実母であり、実母を皇太夫人・皇太后にして天皇の代行・補佐を行ったのである」（前掲『平安王朝社会のジェンダー』）としているように、中国と日本の臨朝称制の違いを強調しています。

同じように幼帝を立てても日本の場合、その後見役は必ず生母や祖母と決まっており、血がつながっていないと認められない。一方、同時代の中国の場合は皇太后に当たる嫡母であることが第一に優先されたため、必ずしも血がつながっていなくてもよかったわけです。つまり、たとえ基経が中国の事情をわかって「臨朝」という言葉を使ったとしても、やはり日本と中国とではその実態は異なっていたということでしょう。

清和天皇の即位にみる転換点

清和天皇の即位は、振り返ってみると、奈良時代とは一線を画す大きな転換点になりました。

文武天皇は一五歳で即位しましたが、そのときには祖母の持統天皇が後見役として太上天皇になっています。また、文武天皇が死去したとき、嫡子の首皇子《おびとのみこ》、すなわちのちの聖武天皇はまだ七歳だったため、祖母の元明天皇が即位しています。

要するに、男性天皇や男性天皇候補が幼少の場合、その母や祖母といった女性が天皇や太上天皇になり、彼らが成人するまで待つというのが習わしだったわけです。ところが、この伝統が清和天皇のときに断ち切られます。

文徳天皇が死去し、嫡子はまだ幼く、上皇も不在である。ならばどうするか。奈良時代までの伝統に倣えば、清和天皇が九歳でそのまま即位するのではなく、清和が成人するまでの間、母や祖母に当たる女性の天皇や太上天皇を立てなければならないはずです。しかしながら、幼帝が幼帝のまま即位して、外戚の男性である藤原良房が即位の前年に太政大臣になり、のちに摂政となる。かくして摂関政治という新しい政治形態が生まれたのです。

では、なぜ中継ぎの女性天皇を立てるという伝統が断ち切られたのでしょうか。

河内祥輔は、「女帝を立てようにも、その候補者としての資格を具《そな》えた人物は見つからない」(前掲『古代政治史における天皇制の論理(増訂版)』)と述べ、適任者がいなかったからだという偶然的理由に帰しています。確かにそれまでの女帝はいずれも天皇の娘(皇女)でしたから、たとえ天皇の母や祖母であっても、藤原良房の娘である明子や藤原冬嗣《ふゆつぐ》の娘である順子が天皇になることはあり得ませんでした。

しかし、より本質的な理由も考えられます。具体的に言えば、女性天皇に対する忌避の感情もあったように思われるのです。

第一章で触れたように、称徳天皇と道鏡との関係は平安時代に入り、非常にスキャンダラスに吹聴されたことが史料から確認できます。このため、女性天皇に対してネガティブなイメージが植えつけられていったことは容易に想像できます。鎌倉時代初期の天台宗の僧・慈円《じえん》(一一五五~一二二五)が著した歴史書『愚管抄《ぐかんしょう》』には、桓武以降、平安京を都としてから、女帝を立てなくなり、父から子へ、兄から弟へと絶えることなく皇位が継承されたことで、国はしっかりと治まったとする記述が出てきます。

太政大臣や摂政になった藤原北家《ほっけ》の男性たちも、天皇家に代わって皇位の座には決してつこうとしませんでした。道鏡は天皇になろうとして失脚したわけですから、同じ轍《てつ》は踏むまいと考えたのでしょう。歴史学者の美川《みかわ》圭は「藤原氏は、臣下の地位に徹し、『即位しない一族』として自己規制していった可能性が高い」（『院政』）と述べています。

ひとたび幼少のまま即位が行われたことは、後世に大きな影響を与えました。河内祥輔がそのことを端的に語っていますので、少し引用しましょう。


一旦、幼帝の登場を経験してしまえば、その新儀は立派に未来の先例と認められるようになる。幼帝の即位を憚《はばか》る心理は急速に消滅していった。そうなれば、もはや女帝の存在理由は失われる。清和の即位によって、女帝の時代はその幕を降ろすこととなった。

（前掲『古代政治史における天皇制の論理（増訂版）』）


こうして女帝が続いた時代は終わり、幼少の男性天皇が即位しながら、その母親と外戚の男性が事実上権力を握る新たな時代が始まったのです。

幼帝の後見役として力をもった藤原穏子と藤原詮子

先程、上皇と天皇は同居しない点が奈良時代とは大きく異なると述べました。その代わり、幼い天皇と一緒に住んだのは母親です。日本古代史を研究している古瀬《ふるせ》奈津子はこの点に注目し、天皇の母である「『母后』は子の天皇が即位すると内裏にともに住み、天皇が幼い場合は後見をした」(『摂関政治』)と述べています。つまり女帝は現れなくても、臨朝称制の仕組みそのものは残ったのです。

さらに古瀬は、「『母后』は天皇と一心同体であり、摂関よりさらに近い立場で天皇を補佐していたと言える」(同)とも述べています。幼帝の場合、母親は行幸に際して同じ輿に乗り、即位の儀においては天皇とともに高御座《たかみくら》に登りました。こうした行動から、摂関の任命自体にも大きな影響力をもっていたことが考えられるのです。

母后が内裏に住み、幼帝を後見して政治活動を行ったケースは、その後も数多く見受けられます。具体例としては、まず朱雀天皇、村上天皇の生母である藤原穏子《おんし》(八八五〜九五四)が挙げられます。

穏子は延長元(九二三)年、父の基経の画策により、醍醐天皇の中宮(皇后)となります。淳和天皇の皇后・正子内親王(八二七年立后)以来、ほぼ百年ぶりに天皇の配偶者と

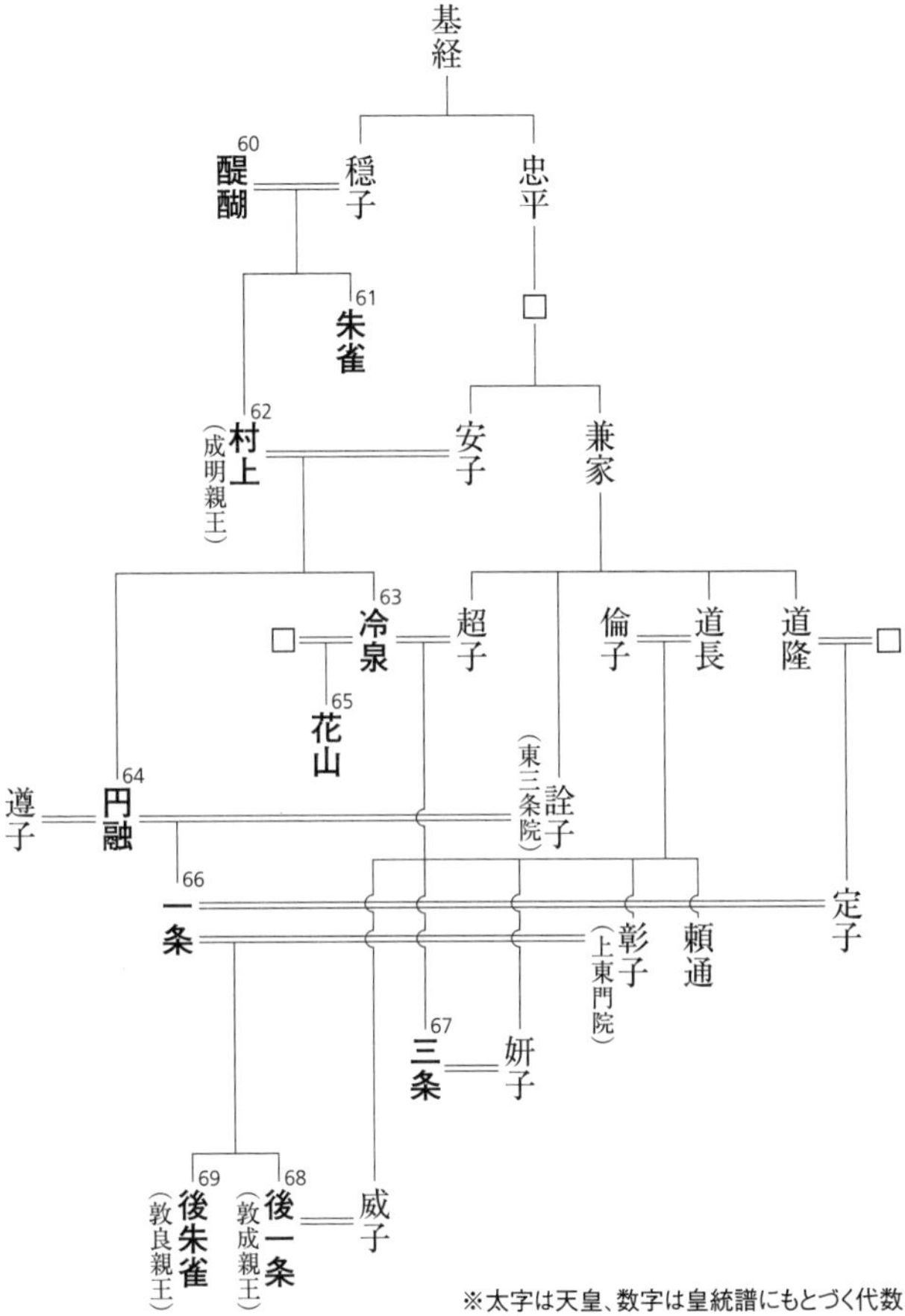

※太字は天皇、数字は皇統譜にもとづく代数

しての皇后が現れたわけです。のちに朱雀天皇と村上天皇になる二人の親王を穏子が相次いで生むのは、このあとのことでした。

穏子は、延長八（九三〇）年に醍醐天皇が死去したことで皇太后になりましたが、天慶《てんぎょう》九（九四六）年、皇位を継承していた朱雀天皇に皇太弟の成明親王《なりあきら》へ譲位するよう迫ったと言われています。成明親王が村上天皇となったことで、穏子は太皇太后になりました。このように二人の天皇の生母として強大な権力を握り、兄で太政大臣・摂政・関白の藤原忠平《ただひら》とともに摂関政治の礎《いしずえ》を築いた人物として知られています。

また、円融《えんゆう》天皇の女御で藤原道長の姉、一条天皇の生母である藤原詮子《せんし》（九六二～一〇〇二）も、同じく天皇の母親として権力をふるった女性です。

寛和《かんな》二（九八六）年、息子の一条天皇が即位すると詮子は皇太后になり、母后として天皇を動かすようになります。正暦二年（九九一）年には円融上皇の死を機に出家をして后位を退きますが、従来のように出家とともに政治の中枢から身を引いたわけではありませんでした。出家の際、「院」、すなわち上皇になぞらえて院号を授与され、東三条院《ひがしさんじょういん》と称したからです。これが中宮や皇后や皇太后や太皇太后などを退位したあとに「〇〇院」と名乗り、上皇に準ずる待遇を受けることになる女院制《にょいんせい》の始まりです。つまり、男性の「院」

に対応するのが「女院」です。この制度は幕末までずっと続いていきます。

東三条院となった詮子の権力はますます強くなりました。なかでも一条天皇に迫り、弟の藤原道長を内覧・左大臣にしたことはよく知られています。天皇の母が、人事にまで口を出すようになったわけです。

摂関政治全盛期をもたらした藤原彰子

詮子の姪に当たる藤原彰子（九八八～一〇七四）は、藤原道長（九六六～一〇二七）と正室の源倫子《りんし》との間に生まれた長女です。長保元（九九九）年に入内して、一条天皇の女御となります。

翌年の長保《ちょうほ》二（一〇〇〇）年には、円融天皇の皇后である藤原遵子《じゅんし》（九五七～一〇一七）を皇太后に、一条天皇の中宮である藤原定子《ていし》（九七六～一〇〇〇）を皇后に、彰子を中宮にする宣命が下ります。中宮は皇后と同じ意味ですから、一人の天皇に二人の皇后が初めて同時につくという異例の事態が起こったのです。

梅村恵子は、「ここで明らかに、貴族社会は正妻制、正確には一夫一妻多妾制の原則に反する一夫多妻を公認した」（前掲「天皇家における皇后の位置」）と述べています。中国や朝鮮では、皇帝や国王の正室が一人しかおらず、あとはみな側室です。ところが日本はこのとき、天皇の正室を二人つくってしまった。これが、一夫一婦多妾制を維持し続けた中国や朝鮮との決定的な分かれ目になりました。以降、三条、後朱雀、後冷泉《ごれいぜい》各天皇の時代にも二后並立が繰り返されてゆきます。

ちなみに、『源氏物語』の著者、紫式部と『枕草子』の著者、清少納言は、それぞれ一条天皇の中宮と皇后に仕えた女房《にょうぼう》でした。女房というのは、后妃と私的関係で結ばれた女性使用人のことです。紫式部は藤原彰子に、清少納言は藤原定子に仕えました。

ところが彰子にとって幸いだったのは、定子が中宮から皇后になったまさにその年のうちに死去してしまったことです。すぐに二后並立は解消され、彰子は唯一の正室になりました。そして寛弘五（一〇〇八）年に敦成《あつひら》親王（のちの後一条天皇）を、翌寛弘六（一〇〇九）年に敦良《あつなが》親王（のちの後朱雀天皇）を生みます。寛弘八（一〇一一）年に一条天皇が亡くなると、その翌年に皇太后になりました。

長和五（一〇一六）年、三条天皇が藤原道長により譲位させられ、後一条天皇が九歳で即位しました。ちなみに道長は、後一条の中宮となる威子の父であるとともに、後一条の母である彰子の父でもありました。つまり後一条にとって道長は、義父であるとともに外祖父でもあったわけです。

後一条が即位したとき、彰子は幼い天皇とともに高御座に登っています。歴史学者の東海林《しょうじ》亜矢子は、「天皇位を象徴する高御座における母后同座は、天皇との同輿《どうよ》以上に、母后ただ一人のみの尊貴性を強烈に印象づけ天皇の後見としての母后の機能を可視化させるものである」(「摂関期の后母」)と述べています。また服藤早苗によれば、藤原道長が寛《かん》仁《にん》元(一〇一七)年に太政大臣になったのも、彰子の決定によるものでした(「国母の政治文化」)。詮子に続いて、天皇の母が人事権を握っていたわけです。

いや、人事権だけではありません。道長と彰子のうち、より身近な立場でもって幼帝の代理を務めていたのは彰子のほうでした。それは、彰子が道長から渡された文書を閲覧していたことからも明らかです。彰子は、日常の儀式や政務全般に関与していたのです。

寛仁二(一〇一八)年、太皇太后になった彰子は、後一条天皇が元服したあとも、道長を継いで摂政、次いで関白となった弟の藤原頼通《よりみち》とともに天皇を補佐し、上皇なき時代に事実上上皇のような役割を果たしました。万寿三(一〇二六)年には出家して、上東門院《じょうとうもんいん》の女院号を宣下されました。こうして一条、三条、後一条、後朱雀、後冷泉、後三条、白河の七代にわたって生き続け、八七歳で長い一生を終えるまで、彰子は藤原北家一門を率いて摂関政治の全盛期を支えるとともに、その衰退をも見届けることになります。

女性抑圧のイデオロギーとしての産穢・血穢

ここで本題とは少し外れますが、「三不浄」というケガレの概念の登場について触れておきたいと思います。

三不浄とは、死穢《しえ》、産穢《さんえ》、血穢《けつえ》を指します。死穢は男女に共通しますが、産穢、血穢は女性特有のもので、これらは時に女性を抑圧する装置として働きました。

女帝が連続した飛鳥、奈良時代の記録には、女性特有のケガレに対する言及はありません。では、こうした概念はいったいいつごろから日本で流布するようになったのでしょうか。

高取正男は、その概念の成立を神道が成立するのと同じ奈良時代末期としています。

吉と凶、浄と穢の対立概念を操作して禁忌《きんき》意識の累積をはじめ、その過剰〔原文では架上―引用者注〕と増殖をはじめたのは、それらの語彙をもたらした外来文化にいちはやく接した貴族たちであった。とくに奈良時代末期に、彼らのあいだでそのことが急速に進行した理由はすでにのべた。（前掲『神道の成立』）

高取の言う「理由」とは、聖武から称徳にかけての仏教政治の反動として、貴族たちの間に中国の儒教や陰陽道《おんみょうどう》が受容された上、仏教がもたらしたと考えられる浄穢の対比感が加わり、禁忌意識の肥大化が始まったことを指しています。大陸の文化にいち早くふれることのできた、平城京の周辺にいた貴族たちがこうした意識の担い手になったということです。

平安時代になると、ケガレの概念ははっきり明文化されるようになります。九世紀前半に編纂、施行された「弘仁式《こうにんしき》」では産穢が初めて規定され、加えて九世紀後半の「貞観式《じょうがんしき》」では妊娠や月経への忌避、すなわち血穢が規定されます。中世の研究者である伊藤喜良《きよし》は、「九世紀中頃から一〇世紀にかけて、内裏や神事で血が忌み嫌われたことが指摘されている。この関連から『貞観式』で懐妊や月事（生理）の忌避条項が成立したといわれている」と述べ、このケガレの概念が女性差別につながっていったとしています（『王権をめぐる穢れ・恐怖・差別』）。

それは同時に、天皇や宮廷が「清浄であるべき」という観念の強化と結びついています。「穢れ観念が肥大化すればするほど、その対極に意識されている『浄・聖』の観念も比例して肥大していく。すなわち王権の聖性が強く求められるようになっていったのが一〇世紀であり、時代が降れば降るほど王権だけでなく、内裏や平安京の『浄・聖』が求められるようになったのである」（同）。

具体的な例については、前掲『神道の成立』に記されています。例えば康保元（九六四）年、村上天皇の中宮である藤原安子《あんし》（九二七〜六四）は産穢が内裏に及ぶのを避けて主殿寮庁を産所としたこと、また皇女を出産したあとに容態が急変し死去しますが、天皇は死穢をおそれて臨終に立ち合わなかったことが書かれています。また寛弘八（一〇一一）年、一条法皇の葬送に藤原道長、三条天皇、敦成親王（のちの後一条天皇）、一条の中宮であった藤原彰子らは立ち会わなかったという例もあります。

ケガレを避けるために、天皇は出産や葬送の現場に近づかないという習慣が平安時代にはすでにできあがっていたわけです。こうしたケガレの概念が、天皇の譲位を常態化させるとともに、女性天皇を忌避する一因になった側面も否めないでしょう。

ちなみに現在でも、天皇や皇后が死去すると次の天皇や皇族は一年間宮中祭祀に出られませんし、皇后や皇太子妃が出産したり生理になったりすると、一定期間祭祀に出られません。ケガレを避けるためのしきたりが保たれているのです。

摂関政治から院政へ

さて本筋に戻って、摂関政治以降の動きをみていきましょう。

藤原北家一門の栄華は、後三条天皇（一〇三四〜七三）の即位によって曲がり角を迎えます。後三条天皇は藤原北家の外戚をもたない天皇であり、親政（天皇自身が政治を司ること）を行いました。

次に即位した白河天皇（一〇五三〜一一二九）も、摂関家の衰退に乗じて引き続き親政を行います。応徳三（一〇八六）年、息子の堀河天皇に譲位し、上皇となったあとも政務を執りました。これが本格的な院政の始まりです。永長元（一〇九六）年には出家して法皇になっています。

白河上皇（法皇）は堀河、鳥羽、崇徳天皇の三代にわたって四三年間もの間、院政を行いました。この院政は、天保一一（一八四〇）年の光格《こうかく》上皇死去まで七百年あまりも断続的に続くことになります。

では、院政が何を意味しているかというと、天皇の母方親族である摂関家（藤原氏）か

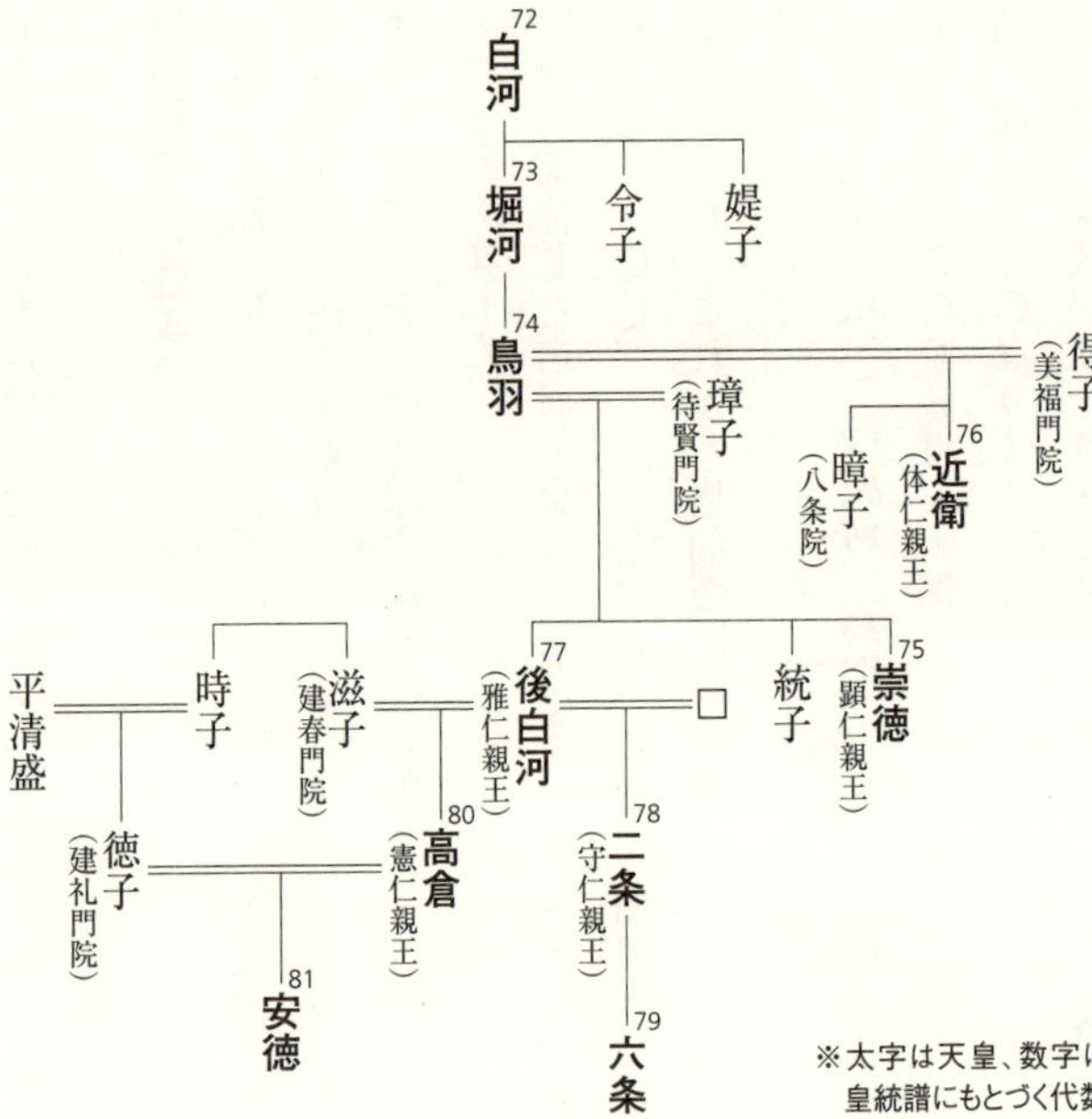

※太字は天皇、数字は皇統譜にもとづく代数

ら、天皇の父方親族である院への権力移行です。院政を行う上皇は「治天《ちてん》の君」と呼ばれ、天皇の地位は将来「治天」になるための過渡的なものにすぎなくなり、実質的な意味を失ったとされています。

　ところが、院政の始まりとほぼ同時に准母立后《じゅんぼりつごう》が始まります。古代中世史を研究する栗山圭子は、『中世王家の成立と院政』のなかでこの准母立后につき詳しく触れています。

　准母立后とは、結婚していない内親王（皇女）が天皇の生母でないにもかかわらず、母に擬されて皇太后になることです。寛治《かんじ》五（一〇九一）年から宝治《ほうじ》二（一二四八）年まで、准母立后は九例もあります。のちに触れる後白河を除き、いずれも天皇は一五歳以下の幼帝で、生母はいないか、生母はいても后位についていないか、あるいは生母がいて后位についたことがあってもすでに院号宣下され、皇太后でなくなっている場合です。

摂関政治の時代に幼帝の後見役となったのは、幼帝の生母や祖母でした。一方、准母は幼帝の生母や祖母でもなければ、先帝の嫡妻でもありません。そうした女性が母に擬されて立后するのは、日本独特の現象でした。

最初の例は寛治五年、白河天皇が譲位したあとの、堀河《ほりかわ》天皇の時代です。堀河天皇の生母はすでに死んでいたため、白河上皇の皇女である媞子《ていし》（一〇七六〜一〇九六）が弟の堀河天皇の准母として立后し、中宮になりました。天皇の配偶者でない女性が初めて中宮、すなわち皇后になったわけです。

続けて嘉承《かしょう》二（一一〇七）年、五歳の鳥羽天皇が即位する当日に、白河法皇の皇女で、伯母の令子《れいし》（一〇七八〜一一四四）が准母立后しています。八歳で即位した堀河と異なり、鳥羽は単独で輿に乗ることができませんでした。このため即位式に臨む際、令子は鳥羽と同じ輿に乗り、鳥羽とともに高御座に出御したのです。
堀河天皇、鳥羽天皇ともに幼くして母親を失っていました。天皇になるにあたり、わざわざ母親役を定めるということは、依然としてその役割を何らかの形で担う人物が必要だったということでしょう。

「国母」とされた藤原得子

鳥羽天皇の時代、権力を握っていたのは白河法皇でした。永久五(一一一七)年には白河法皇の養女、藤原璋子(待賢門院《たいけんもんいん》)が入内し、翌年には鳥羽の中宮となって顕仁《あきひと》親王(のちの崇徳天皇)や雅仁《まさひと》親王(のちの後白河天皇)などを生みます(なお『古事談』には、顕仁親王は白河法皇の子であるとの話を伝えています)。鳥羽は保安四(一一二三)年に崇徳天皇に譲位しますが、実権は白河法皇が握り続けました。

しかし白河法皇が没し、鳥羽上皇が大治四(一一二九)年より院政を始めると、璋子に代わって新たに入内した藤原得子(美福門院《びふくもんいん》)が鳥羽の寵愛を受け、暲子内親王(八条院)や体仁《なりひと》親王(のちの近衛《このえ》天皇)らを生みます。永治元(一一四一)年、鳥羽上皇は崇徳天皇に譲位を迫り、三歳だった近衛天皇を即位させると、得子は上皇の后、つまり現代風に言えば上皇后でありながら皇后に立てられます。この翌年には「皇后得子呪詛《じゅそ》事件」が発覚したことで璋子は出家に追い込まれ、得子の地位は盤石なものとなりました。

ところが、近衛天皇は一七歳で死去してしまったため、鳥羽法皇は得子とともに政権構想を練り直します。『愚管抄』によれば、このとき鳥羽法皇は、近衛天皇と同じく得子から生まれた暲子を女帝として擁立することも考えたようです。しかし皇子・皇孫が複数いたので、あえて暲子を女帝に立てる必要はなく、結局、のちの後白河天皇の第一皇子で、母親が死去していた関係上、得子の養子となっていた守仁《もりひと》親王（のちの二条天皇）を天皇にしようとします。その前に父親を天皇にする必要があったため、雅仁親王を中継ぎの天皇（後白河天皇）として即位させます。

鳥羽法皇が保元《ほうげん》元（一一五六）年に死去した直後に保元の乱が起こりますが、得子は依然として権力を失っていませんでした。その証拠に保元三（一一五八）年一月、後白河は得子を「国母」として拝謁するための行幸（朝覲行幸《ちょうきんぎょうこう》）を行っています。

栗山圭子は、「美福門院は守仁のみならず後白河とも擬制的な親子関係を設定することにより、守仁への皇位継承を前提とする現政権の中に後白河を位置付けようとしたと考えられる」（前掲『中世王家の成立と院政』）と述べています。つまり得子は、「母」の権力を最大限行使し、のちの二条天皇ばかりか、本来は璋子が生母であるはずの後白河に対しても、生母の代役を果たそうとしたわけです。

しかし後白河は、そのわずか一カ月後に姉の統子を自らの准母にしています。幼帝でないにもかかわらず准母を立てるのは、きわめて異例でした。「母」の権力を強めようとする得子に、後白河はあえて准母を立てることで対抗しようとしたのです。栗山は、「後白河による姉の擁立には、待賢門院所生子《しょせいし》間の連帯を復元するとともに、鳥羽の皇統とは異なる、母待賢門院および曽祖父白河の権威をひく別個の皇統を指向する後白河の意志が含意されていたのではないだろうか」（同）と推測しています。

政務を代行した平滋子

保元三（一一五八）年八月、後白河天皇が譲位して上皇になると、得子のもくろみ通り、守仁親王が天皇（二条天皇）になります。しかし得子は、永暦《えいりゃく》元（一一六〇）年に四四歳で死去します。束縛から解放された後白河上皇は、平清盛の正室、時子の異母妹に当たる平滋子《しげこ》（一一四二～七六）を寵愛します。

平滋子は、応保《おうほ》元（一一六一）年、のちに高倉天皇となる憲仁《のりひと》親王（一一六一～八一）を生みます。仁安《にんあん》二（一一六七）年、晴れて後白河上皇の女御になり、翌仁安三（一一六八）年には高倉天皇即位とともに皇太后になりました。そして嘉応《かおう》元（一一六九）年、院号宣下されて建春門院《けんしゅんもんいん》になります。その直後に後白河上皇も出家し、法皇になっています。

鎌倉時代初期に成立した「たまきはる」という回想録があります。著者は、建春門院に仕えた健御前《けんごぜん》（建春門院中納言）という女性です。そのなかに「大方の世の政事を始め、はかなき程の事まで、御心にまかせぬ事なしと、人も思言《おもいい》ふめりき」（「たまきはる」）という一節があります。政治を始めとして細々とした些細なことまで、世の大方のことは、滋子の心にかなわないことはないと人々は思っていたようだ、ということです。つまり、人々から見てもわかるぐらい、滋子は大きな権力をもっていたことがうかがえます。

栗山圭子も「滋子は後白河不在時における政務運営の代行機能を果たしていたと評価できる」（前掲『中世王家の成立と院政』）としています。後白河は早々と譲位し、曽祖父の白河同様、上皇や法皇として院政を行いましたが、ずっと都で実権を握っていたわけではありませんでした。歴代の上皇や法皇のなかで最多の三四回もの熊野詣を行ったように、都をしばしば離れ、その間は滋子が後白河の政務運営を代行したのです。

平清盛、時子夫妻の娘で、高倉天皇の中宮となり、安徳《あんとく》天皇を生む平徳子（建礼門院《けんれいもんいん》。

一一五五～一二一三）も滋子と条件的には似た境遇にありました。しかし、ある決定的な違いが二人の生涯を大きく左右しました。

院政の下では、天皇の母親である女性が権力をもつにあたって、夫である天皇（上皇、法皇）の存在が欠かせませんでした。滋子の場合、後白河が長命でその代行として権力をふるえたのに対し、徳子は早々に高倉を失います。また徳子の場合、高倉の死去とほぼ同時期に平氏政権が崩壊したため、権力を握ることができないまま政治の中枢から離れざるを得なかったのです。

中国の垂簾聴政との違い

これまで見てきたように、平安時代には摂関政治の下、天皇の母親となった藤原家の女性たちが大きな権力を手にしました。藤原彰子が一条天皇の中宮となり、さらには皇太后、太皇太后、上東門院として政治に深く関わった時代、中国では垂簾聴政が行われていました。

中国では天祐四（九〇七）年に唐が滅び、建隆元（九六〇）年に北宋が建国されます。宋では合わせて九人の母后が垂簾聴政を行っています。

三代真宗《しんそう》（九六八～一〇二二）のあと、乾興元（一〇二二）年に四代仁宗《じんそう》（一〇一〇～六三）が即位すると、真宗の皇后だった章献明粛《しょうけんめいしゅく》皇后（九六八～一〇三三）が皇太后（章献《しょうけん》劉《りゅう》太后）として政治を行いました。これは皇帝の死去後に側室が生んだ仁宗が一三歳で即位し、皇后が皇太后になって実権を握るという典型的な垂簾聴政のパターンです。

藤原彰子と章献明粛皇后は同じ時代を生きていますが、寛平《かんぴょう》六（八九四）年の遣唐使廃止以降、日本と中国の間に正式の外交関係はありませんでしたので、互いの存在を知ることはなかったと思われます。この点では第一章で触れた飛鳥、奈良時代のように、中国の政治が日本に影響を与えることはなかったわけです。

したがって詳しく比較検討すると、重大な違いを見出すことができます。その一つは、宋代の垂簾聴政では皇帝の外戚が徹底的に排除され、日本の摂関政治や平氏政権のように外戚が力をもたない点です。

アメリカの研究者ジョン・W・チェイフィーは、宋代の垂簾聴政について「宋代にあっては、法律と伝統のおかげで、皇后の絶頂期や垂簾聴政期にあっても、外戚はほとんど例外なく政治的に取るに足りない存在であった。同時に、宋代の垂簾聴政においては、皇后は権力と個人的権威を著しく行使した」（「宋代における垂簾聴政（皇后摂政）」）と記しています。

いま一つは、中国の皇帝は基本的に終身在位で、院政にならない点です。したがって皇帝が先に死去すると、次の皇帝を誰にするかの決定権を含め、皇帝がもっていた権力は垂簾聴政を行う皇太后にまるごと継承されます。章献劉太后の場合も、彼女が下した命令は皇帝の命令と同じく「聖旨《せいし》」と呼ばれました（前掲『垂簾聴政』）。

一方、日本では天皇の外戚が権力をもっていた上、外戚の権力が衰えてからも譲位して上皇となる天皇が相次いだため、皇太后や太皇太后が天皇の権力をまるごと継承することはできませんでした。この点では日本の女性のほうが権力を握れる条件が厳しかった上、摂関政治から院政へと変わったことで、その条件はいっそう厳しくなりました。

栗山圭子は、摂関期の国母と院政期の国母の違いについて、次のように述べています。

院政期国母の権力行使の特質とは、天皇「母」であるとともに、院「妻」であってこそ初めて機能し得るというものであった。摂関期国母が、天皇の「母」として、天皇との直接的関係から国政に参与するのに対し（中略）、院政期国母の権力は、天皇の「母」たることのみでは発現し得ず、父院の存在を前提とし、父院の権威にオーソライズされて発動した。そもそも天皇の「母」となれる（中略）こと自体が、院による選別の結果であり、国母は存立そのものを院に負っていた。

（前掲『中世王家の成立と院政』）

この指摘のように、確かに天皇の母であるというだけで権力をふるえた摂関期と、上皇や法皇の存在を必要とした院政期との違いはあります。しかしながらより巨視的に見れば、摂関政治から院政に変わってもなお、天皇の母が権力を握ることのできる余地があったという点で、連続性があるという見方もできなくはありません。

これまでは、摂関政治から院政への移行に伴い、母系から父系へ権力が移ったというのが主な論調でした。しかし、権力保持の形は変わったにせよ、平安時代を通じてずっと女性が天皇の母親ないし准母として力を発揮し得る状況にありました。この点では、双系制の政治文化が依然として残っていたわけです。

では、それが本格的な武家社会の到来によってどう変化したのでしょうか。次章では中世の権力構造と女性に焦点を当てたいと思います。

第三章　将軍などの「母」が力をもった時代

——鎌倉・室町・安土桃山時代

貴族社会から武家社会への移行

平安時代末期から台頭してきた武士によって東国の鎌倉に政権が誕生し、時代は平安から鎌倉に移り変わりました。それは貴族社会から武家社会への移行を意味していました。

武家社会と言うと、貴族社会よりも家父長制が強まったという印象があると思います。その根拠の一つに挙げられるのが、婚姻形態の変化です。

平安時代の貴族社会では、妻問い婚（通い婚）から婿取り婚（妻方に同居）への移行が見られるものの、基本的に妻方を拠点に婚姻生活が営まれてきました。しかし、武家社会では夫が土地を離れることができないため、妻が夫方に同居する嫁取り婚が次第に広まっていきました。これにより父権が強まったという見方があります。

しかし、鎌倉時代から安土桃山時代までの歴史を振り返ってみると、実際には時代ごとに強大な権力を手にした女性が現れています。その筆頭に挙げられるのが、鎌倉幕府初代将軍・源頼朝の正室である北条政子《ほうじょうまさこ》（一一五七～一二二五）でしょう。また室町幕府八代将軍・足利義政の正室である日野富子《ひのとみこ》、戦国時代を制した豊臣秀吉の側室である淀殿《よどどの》といった名前もすぐさま浮かびます。いずれも大河ドラマで描かれ、国を動かしてきた「強い女性」として語られてきた女性たちです。

では、こうした女性たちは父権が強まったとされる武家社会において、どのような形で権力を手に入れることができたのでしょうか。

ここでもまた鍵となるのは「母」です。平安時代後期に摂関政治から院政へと政治形態が移行するとともに、天皇の母（国母、母后）が権力をもつことのできる条件が厳しくなるのとは対照的に、鎌倉時代における本格的な武家社会の成立は、将軍の母が権力をもつことを可能にしました。そこには父系制が確立された中国や朝鮮の臨朝称制や垂簾聴政とよく似た構造があったのです。

将軍の後家として権力を握った北条政子

貴族社会から武家社会への移行は、さまざまな価値観や習慣の衝突を生みました。源頼朝と北条政子の結婚もその好例です。

先に、武家社会の成立に伴い婚姻形態が変化したと述べましたが、それは夫婦関係にも大きな影響を与えました。妻が夫方に同居することによって、夫は対外的な活動を担い、妻は家のなかを取り仕切るという役割分担が生まれたのです。夫婦がそれぞれの役割を果たして一つの家を維持するようになると当然、夫婦の一対一の関係は強まります。それは、妻も妾も複数いて当たり前という貴族社会とは大きく異なるものです。

伊豆国の豪族の家に生まれた北条政子は、そうした武家的な夫婦関係を見て育ちました。一方、源頼朝は久安三（一一四七）年に京都で生まれ、一夫多妻的な貴族社会のなかで成長しました。つまり、二人はまったく異なる価値観をもった世界で生まれ育ってきたのです。

事実、頼朝は北条政子と結婚したのちも、ほかの女性と関係を結んでいたことはよく知られています。そして政子も、そんな頼朝の不貞に対して怒りを隠そうとはしませんでした。

女性史を研究している野村育世《いくよ》は、『北条政子』で「東国ではすでに一夫一婦が強く結び付いて家を構え、経営をともに行なう形が一般的になっていた。政子にとって、夫の女性関係は不倫以外の何ものでもなかったのである」と書いています。「不倫」とはいかにも現代らしい表現ですが、夫婦間の結びつきが強い東国育ちの政子にとって、頼朝のふるまいは許しがたいものだったのです。

その後、建久一〇（一一九九）年に頼朝が急死し、政子は後家《ごけ》になりました。家督を長子の頼家《よりいえ》が継ぎ、政子は出家して尼になりますが、その影響力は失われるどころか、ますます強くなりました。

頼朝が死去し、政子の力が強まったのはなぜか。その理由を考えるにあたり、当時、後家がどのような存在であったかを理解する必要があります。

野村育世は、「中世の後家は、夫亡き家の家長であり、家屋敷や所領などの財産をすべて管領《かんりょう》し、子供たちを監督し、譲与を行なう、強い存在であった。子供に対しては絶対的な母権をもって臨み、実質的にも精神的にも支配者であった」（前掲『北条政子』）と述べています。これは一夫一婦多妾制が確立されていた中国や朝鮮で、皇帝や国王の死後に未亡人である皇太后や大妃が実権を握る臨朝称制や垂簾聴政とよく似ています。

また日本中世史の研究者である田端泰子も「政子が重事を裁定し、重臣層を通じてそれを執行し、軍を動かすという強力な権限を握ることができたのは、前将軍の後家であるという、後家としての位置に基づいている。これは、一般に武士階級の家において、夫の死後、妻が後家として最高決定権を握る姿が、将軍家においても見られたということである」（『女人政治の中世』）と述べています。

皇太后（国母、母后）のほかに上皇（父院）や外戚（摂関）もいた京都の朝廷とは異なり、鎌倉の将軍家では上皇や外戚に相当する存在がありませんでした。それだけ後家が権力を握りやすい条件に恵まれていたと言えるかもしれません。

『愚管抄』にみる女性権力者の評価

鎌倉時代初期の歴史書『愚管抄』巻第六では、政子のことを次のように記しています。少し長いですが、現代語訳でみてみましょう。

> 実朝《さねとも》の世となり、しっかりと幕政の処理が行なわれていったが、〔北条〕時政の娘で実朝・頼家の母（政子）がまだ生きていたから、実朝の母の世であったといえよう。時政の子の義時《よしとき》という者のことを天皇の御耳に入れ、またさっと高い身分にし、右《う》京権大夫《きょうごんのかみ》という官職につけて、この妹と兄（実際は政子は義時の姉）で関東の政務をとっていたのであった。京都では卿二位（兼子）がしっかりと実権を握っていた。日本国は女人が最後の仕上げをする国であるということは、いよいよ真実であるというべきではあるまいか。
> （慈円『愚管抄　全現代語訳』。大隅和雄訳）

源実朝が三代将軍になったが、それはすなわち実朝の母である政子の世であったと述べています。また、京都では藤原兼子（一一五五～一二二九）が権力を握っていたことにも触れています。

皇太后ではなかったにせよ、後鳥羽天皇の乳母である藤原兼子がいかに権力をもっていたかは、歌人として知られる藤原定家の日記『明月記《めいげつき》』からもうかがい知ることができます。

建仁三（一二〇三）年正月一三日条には「今に於ては、権門の女房偏《ひと》へに以て申し行ふ」（『訓読明月記』第二巻）とあります。この前年までは、後鳥羽上皇の外戚である源通親《みちちか》が権力を握っていました。通親が死去すると、通親の義妹に当たる兼子へと権力が移り、いまの時代は「権門の女房」、すなわち兼子がもっぱら政治を取り仕切っていると記しています。

さらに興味深いのは、このように鎌倉でも京都でも女性が権力をもっている状況を受けて、慈円が「日本国は女人が最後の仕上げをする国であるということは、いよいよ真実であるというべきではあるまいか」と述べていることです。東西で女性が権力をもつという現象がリアルに起きている。女性を持ち上げようというわけではなく、実際にそうなっているという実感が伝わってきます。

慈円がこのように綴ったのは、飛鳥時代から奈良時代にかけて女帝が続き、平安時代には天皇の母が権力をもっていたという歴史を踏まえてのことでしょう。たとえ武家社会になろうとも、大きな歴史の流れに照らし合わせてみれば、将軍の母である政子が権力をもつのは何も珍しいことではなかったのです。

武則天や呂后に比された北条政子

北条政子の権力がいかに大きかったか。そのことを示す当時の文献に、鎌倉時代初期に成立した軍記物語『曽我物語』があります。この物語には政子と頼朝のなれそめなども書かれていますが、なかでも注目したいのは、巻第三の一節です。

そもそも異域の則天皇后は、夫を重んじて位に即《つ》き給ひ、我が朝の神功皇后は、仲哀天皇の遺跡を尋ね、女性《にょしょう》なれども世を治め給ひぬ。今、北条の姫も、日本国の受領《ずりょう》仁《じん》、将軍家の玉の床に御身を宿し給ふべき御瑞相《ずいそう》にや（以下略）（『曾我物語』）

第一章でお話しした武則天（則天武后）が、ここで神功皇后と並んで登場しています。

「北条の姫」とは北条政子のことです。最後の文章を現代語に訳すと、「今、北条の姫君も日本国の政務を担う将軍家の美しい御殿に住まわれるめでたい前兆であろうか」となります。夫が死去したあとに世を治めた武則天や神功皇后にたとえながら、頼朝亡きあとの政子がいかに権力をもっているかを強調しているのです。

話は飛びますが、明治から昭和初期にかけて活躍した歴史家、竹越與三郎《よさぶろう》もまた、一八九六（明治二九）年に刊行された『二千五百年史』のなかで北条政子と武則天を比較しています。「その〔政子の〕威権・雄材《ゆうざい》、世比《よひ》するに則天武后をもってす。しかれども、則天の果敢、勇断あるも、北人的質素を守って浮華の俗に移らず、則天の驕奢《きょうしゃ》・淫逸《いんいつ》なく、よくその子弟を戒め、殺伐・争奪を事とする鎌倉の政治世界に、調和・人情の空気を輸入して、一大要素となりぬ」（『二千五百年史』三）。竹越は、奢侈《しゃし》に走り、淫乱《いんらん》だった武則天よりも、質素を守り、調和や人情の空気を重んじた北条政子のほうがすぐれているとしたわけです。

また、初代将軍頼朝から六代将軍宗尊《むねたか》親王までの鎌倉時代の歴史を綴った『吾妻鏡《あづまかがみ》』にも、北条政子がしばしば登場します。有名なのは、承久三（一二二一）年に後鳥羽上皇が挙兵した承久の乱に際して北条方の軍勢を鼓舞する政子の言葉です。名調子を味わっていただきたいため、あえて原文のまま引用します。

皆心を一にして奉《うけたまわ》る可し、是《これ》寂〔最〕後の詞《ことば》なり、故右大将軍朝敵を征罰し、関東を草創してより以降、官位と云ひ、俸禄と云ひ、其《その》恩既に山岳よりも高く、溟渤《めいぼつ》よりも深し、報謝の志浅からんや、而るに今逆臣の讒《ざん》に依りて、非義の綸旨《りんじ》を下さる、名を惜しむの族は、早く秀康《ひでやす》、胤義《たねよし》等を討取り、三代将軍の遺跡を全うす可し、但《ただ》し院中に参らんと欲する者は、只今申切る可し（以下略）　（『吾妻鏡』四）

「故右大将軍」は源頼朝、「溟渤」は海を意味します。源頼朝が朝敵を征伐し、鎌倉に幕府を開いて以来の恩を強調するとともに、讒言《ざんげん》によって道理に背いた綸旨が下される原因をつくった逆臣の藤原秀康や三浦胤義らを討ち取るように、そして後鳥羽の軍勢につきたければいますぐ申し出るように命じたこの堂々たる言葉は、側近を通して群参していた武士に伝えられ、大きな感動を呼び起こしました。彼らはただ涙にくれて十分に返答もできず、ひたすら命を捨てて恩に報いようと誓ったと言います。武士が朝廷に全面的に対抗するという歴史上初めての戦いで北条方が勝利をおさめた背景には、政子の弟である二代執権北条義時や、その長男で三代執権となる泰時《やすとき》の統率力もさることながら、頼朝の後家であり、「尼将軍」と呼ばれた政子の存在も大きかったのではないでしょうか。

一方、敗れた朝廷方は後鳥羽、土御門《つちみかど》、順徳《じゅんとく》の三上皇が流されたことで権力を著しく失墜しました。これ以降も院政そのものは続き、第二章で触れた准母立后も宝治二（一二四八）年に後深草《ごふかくさ》天皇の母后の西園寺姞子《きつし》が大宮院となったのに伴い、土御門上皇の皇女曦子《ぎし》内親王が立后するまで続きましたが（前掲『中世王家の成立と院政』）、幕府の権力が強化され、天皇や上皇の権力は弱まりました。ましてや天皇の母に相当する女性が権力をもつことは難しくなったのです。

嘉禄《かろく》元（一二二五）年、北条政子が六九歳で死去しました。このときには、『吾妻鏡』は次のように記しています。

前漢の呂后に同じくして、天下を執行せしめ給ひ、若《も》しくは又神功皇后再生せしめ、我国の皇基《こうき》を擁護せしめ給ふかと云々

（『吾妻鏡』五）

ここでは武則天の代わりに、前漢の呂后が出てきます。そして『曽我物語』と同じく神

功皇后が引き合いに出されているのも注目に値します。「再生せしめ」とは、神功皇后の生まれ変わりであるということです。つまり政子は、呂后や神功皇后に匹敵する人物とされていたのです。

五代執権の北条時頼《ときより》は、康元《こうげん》元（一二五六）年に北条長時《ながとき》に譲位し、出家しました。自発的に譲位した執権は、時頼が初めてでした。中世史研究者の高橋慎一朗は、「実際には執権引退後も時頼は幕府の実権を握り続けるので、執権の交替は形式的なものであった。（中略）時頼の真の目的は、幼少の嫡子時宗《ときむね》をいち早く後継者に指名し、時宗への権力移譲を平穏に実現することにあったのである（中略）。時頼は、朝廷における『院政』と同じ状況を作り出そうとしていたということになる」（『北条時頼』）と述べています。つまり時頼にとっての譲位とは、北条政子のような「母」でなく、得宗《とくそう》（北条氏嫡流の当主）である「父」が権力を握り続けるための手段にほかならなかったのです。これ以降、院政期の天皇同様、譲位して出家する執権が相次ぐことになります。

対外的な危機のたびに浮上する神功皇后

神功皇后の三韓征伐は、対外的危機のたびに言及されてきました。その最大の危機は鎌倉時代の元寇《げんこう》でしたが、平安時代にも新羅の海賊がたびたび対馬《つしま》や北九州などを襲っていました。延喜元（九〇一）年成立の『日本三代実録』は清和天皇、陽成天皇、光孝《こうこう》天皇の三代の歴史を綴ったものですが、この巻十七の貞観《じょうがん》一二（八七〇）年二月一五日条に出てくる宗像《むなかた》大神への告文には、新羅の入寇《にゅうこう》のことがくわしく記されています。

この告文で目を引くのは「我が皇太神は、掛けまくも畏《かしこ》き大帯日姫の彼の新羅人を降伏《まつろ》はせ賜ひし時に、相共に力を加へ賜ひて、我が朝を救ひ賜ひ守り賜ひしなり」（原文は宣命書き）という一節です。

「皇太神」は宗像大神、「大帯日姫」は神功皇后を指します。宗像大神は、現在の福岡県宗像市にある宗像大社に祀られている三柱《みはしら》の女神の総称です。意味としては、神功皇后と宗像大神とが力を合わせて新羅を降伏させ、我が国を救ったということです。新羅の海賊に脅かされるという出来事が、神功皇后の三韓征伐を思い起こさせる契機となっているのです。

同じようなことが、元寇のときにも繰り返されました。元寇のあと延慶元（一三〇八）年から文保《ぶんぽう》二（一三一八）年の間に成立したとされる『八幡愚童訓《はちまんぐどうくん》』甲という石清水八幡宮の霊験記《れいげんき》には、「第十五代ノ帝王」である神功皇后が登場します。神功皇后は、仲哀天皇に次ぐ一五代天皇とされているわけです。

『八幡愚童訓』甲では、「蒙古《もうこ》ノ船」を「大菩薩ノ霊験」、すなわち応神天皇の霊験によって退散させたことが称えられています。しかしながら、実際には主役の応神天皇よりも、三韓征伐に言及しながら脇役であるはずの神功皇后を持ち上げている記述が目立ちます。その一例を挙げてみましょう。

今ノ皇后ハ、弓箭《きゅうせん》ヲ執リ異国ヲ討給事、漢家本朝《かんかほんちょう》ニ様《ためし》ナク、女人凡夫ノ態ナラズ。皇后若《もし》女人也ト思食《おぼしめ》シ、弓箭ヲ取ル御事ナカリセバ、天下早ク異賊ニ被《とら》レ取《れ》、日本忽《たちまち》滅亡シナマシ。我国ノ我国タルハ、皇后ノ皇恩也。

（『八幡愚童訓』甲）

神功皇后のように弓矢をもち、異国を討つことは「漢家本朝」、すなわち中国や日本にも例がない。もし皇后が女性だからといって弓矢を取ることがなければ、日本は「異賊」に乗っ取られ、たちまち滅びてしまっただろう。我が国が現在、このようにあるのは神功皇后のおかげだと記しています。ここだけを読んでみても、神功皇后に最大限の賛辞を送っていることがわかるでしょう。そういうすばらしい神功皇后から生まれたのが応神天皇だったと言いたいわけです。

またその前段では、七世紀に北インドを統一したヴァルダナ朝の戒日大王《かいじつだいおう》（ハルシャ・ヴァルダナ王）や、紀元前三世紀に中国を統一した秦の始皇帝、紀元前五世紀に呉《ご》の夫差《ふさ》を討った越《えつ》王・勾銭《こうせん》と神功皇后を比較し、そうした高名な男性よりも神功皇后のほうが勝っていると語っています。呂后や武則天といった女帝ではなく、男性と神功皇后を比較しているところがこの史料ならではの発想だと思います。

さらに『八幡愚童訓』甲で注目したいのは「神功皇后ハ海水ヲ上ゲ、文永ニハ猛火ヲ出シ、弘安ニハ大風ヲ吹ス。水火風ノ三災、劫末《ごうまつ》ナラネド出来テ、神慮ニ任テ自在也」という一節です。

神功皇后は海水を上昇させ、元（蒙古）の一回目の襲来となった文永一一（一二七四）年の文永の役《えき》に際しては猛火を起こし、二回目の弘安四（一二八一）年の弘安の役では暴風を吹かせたと記しています。なお劫末とは、この世の終わりを意味します。中世文化史の研究者である上嶌《うえじま》真弓は、「もちろん、八幡大菩薩の神威も書かれているが、水火風の三災を操り、蒙古を敗退させたのは、神功皇后であるとしている。この時点で皇后は既に、霊験あらたかな『神』になっている」（「中世における神功皇后の認識と評価」）と指摘しています。

蒙古を撃退させることができたのは、神功皇后の力があったからだ――。神功皇后は戦争に強い神であり、敵を撃退してくれるのだという一種の信仰は、第五章で触れるように太平洋戦争の末期まで受け継がれてゆくことになります。

元の奇皇后

元寇は失敗に終わったものの、蒙古は高麗をしばしば侵略し、高麗の王室と元の皇帝家であるクビライ家の間に姻戚関係を築きました。そうしたなかで、高麗の貢女として元の宮廷に献上され、皇帝である順帝《じゅんてい》トゴン・テムルに寵愛された女性がいます。高麗人・奇子敖《キジャオ》の娘、奇氏（名前は不明）です。

奇氏は順帝の皇后であるバヤン・クトゥク（伯顔忽都皇后）に次ぐ第二皇后となり、皇子アユルシリダラ（愛猷識理達臘）を生みます。アユルシリダラは至正一三（一三五三）年に皇太子となったことから、奇氏は生母として権力を拡大させます。そしてバヤン・クトゥクが死去すると皇后（完者忽都《オルジェイクトゥク》皇后奇氏）になりましたが、至正二八（一三六八）年に朱元璋《しゅげんしょう》率いる明の軍隊が首都の大都（現・北京）郊外まで迫ると、順帝は皇后や皇太子を連れて大都を去ります。その二年後に順帝は内蒙古で死去し、アユルシリダラが皇帝昭宗としてあとを継いだときには、もはや初代皇帝洪武帝として即位した朱元璋の下で明が中国全土を統一しており、元の命運は尽きていました。

奇氏がいつどこで死去したのかははっきりしませんが、奇氏が元の皇帝家の外戚となったことは、高麗の政治に影響を与えました。奇氏の兄である奇轍《キチョル》をはじめとする一族が高麗で権勢をふるい、国王の恭愍王《コンミンワン》に対しても臣下の礼をとろうとしなかったため、恭愍王は奇轍一派を処断しました。思想史家の姜在彦《カンジェオン》は、「一三九二年に反元親明派による易姓革命によって朝鮮王朝が誕生したが、そのための闘いは、一三五六年の奇氏一族の粛清からはじまったといっても過言ではない」と述べています（『歴史物語　朝鮮半島』）。なお、この処断を恨んだ奇氏は恭愍王の廃位を順帝に働きかけ、順帝は元の軍隊を高麗に派遣しましたが、失敗に終わっています。

東アジアではヨーロッパと異なり、異国の女性が国境を越えて皇后や王后になることはあまりありませんでしたが、奇皇后は数少ない例外と言えます。たとえ国は違っても、東アジアのなかで垂簾聴政という政治文化が共有されていたからこそ、奇皇后のような女性が現れたと言えるかもしれません。

阿野廉子と西園寺寧子

よく知られているように、鎌倉時代の天皇家は、後嵯峨《ごさが》天皇の皇子である後深草天皇を祖とする持明院統《じみょういんとう》と、その弟の亀山天皇を祖とする大覚寺統《だいかくじとう》による両統迭立《てつりつ》の状態が続きました。大覚寺統の後醍醐天皇は院政を停止して、すなわち天皇親政を復活させて建武《けんむ》の新政を始めますが、足利尊氏《たかうじ》の離反により、わずか三年余りで崩壊します。尊氏は院政を復活させ、持明院統の光厳《こうごん》上皇を「治天の君」とし、その弟である光明《こうみょう》天皇を即位させ、光明から征夷大将軍に任じられます。一方、後醍醐は吉野に移って大覚寺統の正統性を主張したため、北朝と南朝の二つの王朝が併存することになりました。

後醍醐には、正室の中宮禧子《きし》のほかに、隠岐《おき》に流される以前から寵愛し続けた女性がいました。禧子のお付きの女房の内侍として御所に上がり、多くの皇子や皇女を生み、皇后に次ぐ地位である准后《じゅごう》となった阿野《あの》廉子（一三〇一～五九）です。延元四（一三三九）年に後醍醐が死去すると、廉子の末子である義良《のりよし》親王が天皇（後村上天皇）になりましたが、それから廉子が正平《しょうへい》一四（一三五九）年に死去するまでの二〇年間、廉子は国母として、さらには新待賢門院という女院として、北畠親房《きたばたけちかふさ》とともに南朝を支えました。正平九（一三五四）年に親房が死去すると、廉子の権力はますます強まりました。中世史学者の脇田

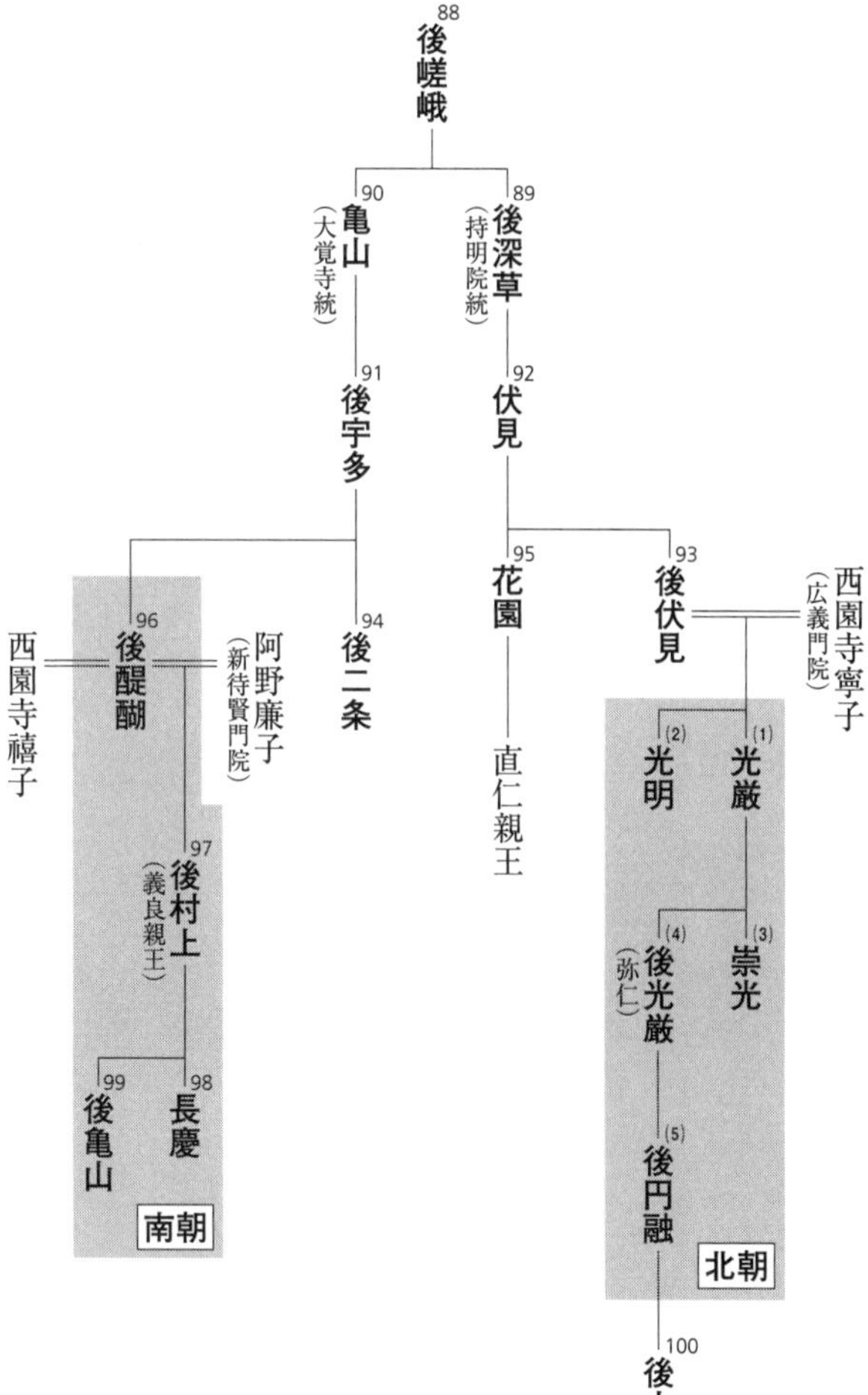

※太字は天皇、数字は皇統譜にもとづく代数
（　）は北朝の代数

晴子は、「戦乱のなかにあった後村上にとって、母后廉子は父のありし姿と理想を伝え、しかも現実的な配慮をしつつ指針をあたえてくれる人であったのである」と述べています（『中世に生きる女たち』）。

なお正平六（一三五一）年から翌年にかけて、「正平の一統」と呼ばれる南北朝の合体が実現しています。京都を制圧した南朝軍に足利尊氏が降り、北朝の崇光《すこう》天皇を廃するなどして南朝による天下の「一統」がなりましたが、この一統はわずか数カ月で破れます。南朝方は、持明院統の皇族たちが尊氏によって再び担がれないようにするべく、光厳、光明、崇光の三上皇と皇太子であった直仁《なおひと》親王を拉致して吉野へ戻って行きました。

万策尽きた足利尊氏の子、義詮《よしあきら》らは、かろうじて拉致を免れた光厳の第二皇子、弥仁《いやひと》を見つけ出します。そしてこの弥仁を天皇（後光厳《ごこうごん》天皇）として擁立するにあたり、後伏《ごふし》見《み》上皇の女御で、光厳、光明の生母でもあり、後光厳にとっては祖母に当たる西園寺寧子（広義門院《こうぎもんいん》。一二九二〜一三五七）が「治天の君」となり、院政を始めるのです。寧子は皇位継承や人事などの政務に取り組み、正平八（一三五三）年に後光厳に政務権を譲ってからも正平一二年に亡くなるまで、北朝の家督者として君臨し続けました。

中世史学者の今谷明は、寧子の登場を「称徳天皇以来六百年ぶりの女性の国王の誕生」

とし、「危機に際して女性がかつぎ出されるという卑弥呼以来の潜在的伝統は、皮肉にもこうした形で出現したのである」と述べています（『室町の王権』）。しかし、卑弥呼や称徳天皇にまでさかのぼらなくても、天皇の「母」に当たる皇太后や皇后や女院が時に天皇や上皇や法皇に代わる権力をもつことは、本書でこれまで述べてきた通りです。廉子や寧子は、「父」の権力が増大する平安後期以降の院政の時代にも完全に失われることのなかった皇室の政治文化のなかから、出るべくして出てきたと言えるのではないでしょうか。

応永の外寇と神功皇后

明徳三（一三九二）年、三代将軍足利義満の仲介により、南朝の後亀山天皇が京都に帰還し、北朝の後小松天皇に神器が譲渡されることで、南北朝はようやく合体します。しかし一五世紀になると、今度は朝鮮によって対馬が侵犯される事件が起こりました。応永二六（一四一九）年に起こった「応永の外寇《がいこう》」（朝鮮では「己亥東征《キヘドンジョン》」）です。このときにも神功皇后の存在がよみがえってきました。

法制史学者の高谷知佳《たかたにちか》によれば、室町時代の京都は怪しげな噂に満ち満ちていました（『「怪異」の政治社会学』）。しかも民衆がそうした噂をつくり出すのではなく、有力な寺社が時の出来事を利用し、自分の寺社をアピールするためにしばしば噂を流していたというのです。

そうしたなか、朝鮮による対馬襲撃は噂の格好の材料となりました。その一例が、現在の兵庫県西宮市にあった廣田社《ひろたしゃ》（現・廣田神社）が流した噂です。廣田社から軍兵が数十騎出発し、そのなかに大将のような女武者が一人いた、という風聞をいち早く室町幕府に注進しました。なぜそのようなことをしたかと言えば、『日本書紀』巻第九や『摂津国風土記』（逸文）に記されているように、廣田社は神功皇后の三韓征伐にゆかりの深い神社だったからです。襲撃に乗じて三韓征伐や元寇を思い起こさせ、神功皇后、ひいては自分の神社をアピールしようとしたのです。

さらに朝鮮が対馬から撤退したことについても、新たな噂が広がりました。その噂は、後花園天皇の父、伏見宮貞成《ふしみのみやさだふさ》親王の日記「看聞御記《かんもんぎょき》」に転写された「探題注進状」に記されています。そこには「大将とおほしきハ女人也。其力量《はかる》へからす」とあるように、神功皇后を思わせる女性が超人的な活躍をして敵を退散させたと記されています（太田弘毅《こうき》『倭寇』）。

しかし、対馬に近い九州から届いた注進状（「少弐《しょうに》氏注進状」）には、神功皇后ではなく、菅原道真の神威が記されていました。廣田社はこの注進状の内容をいち早くキャッチし、菅原道真を神功皇后に改変した「探題注進状」なるものをつくった上で京都中に撒いたのであり、伏見宮貞成親王が転写したのもこれだった可能性があります（瀬田勝哉『増補　洛中洛外の群像』）。

しばしば天皇に比された神功皇后のおかげで敵を撃退することができたという言説や風説は、平安時代から室町時代にかけて、対外的危機が認識されるたびに再生産されたのです。

日野重子の登場

室町時代にも、鎌倉時代の北条時頼のように譲位して出家する権力者が出てきます。その先駆けとなったのは、三代将軍足利義満でした。義満もまた出家してからも権力を保ち続け、自らを法皇に擬したことはよく知られています。しかし室町時代には、鎌倉時代の執権ほど将軍の譲位→出家は定着しませんでした。

このため北条政子同様、幼少の将軍の母として権力を握る後家の女性が出てきます。六代将軍足利義教《よしのり》の側室で、七代将軍義勝《よしかつ》と八代将軍義政の生母である日野重子《しげこ》（一四一一

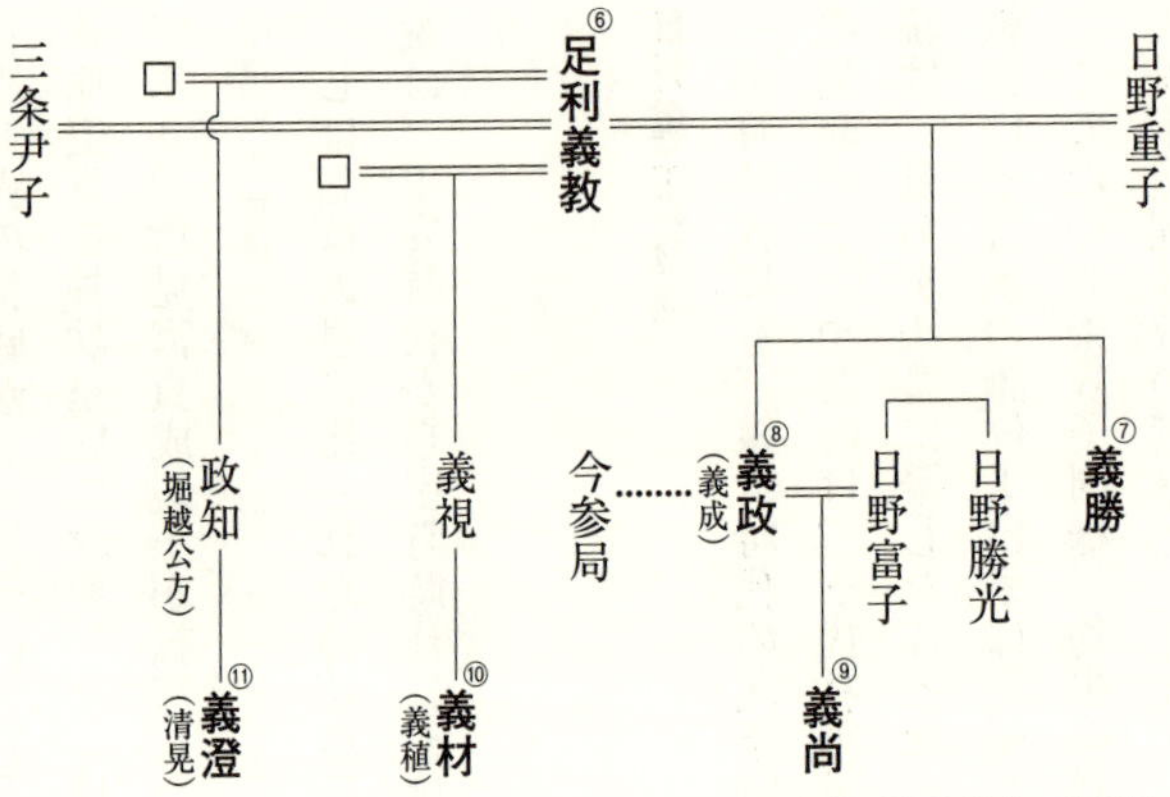

※太字は将軍、数字は就任順

〜六三）です。

嘉吉《かきつ》元（一四四一）年、嘉吉の乱で義教が殺害されると、次代将軍に義勝が決まりました。これがきっかけとなり、生母の重子が脚光を浴びるようになります。

義勝が元服したのは、嘉吉二（一四四二）年一一月七日のことです。当時九歳だった義勝は、重子と行動をともにすることが目立ったといいます。しかし、元服から一年も経たない嘉吉三（一四四三）年七月二一日、あえなく死去します。次の将軍には、すぐさま義勝の弟義成《よししげ》（のちの義政）が選ばれました。そのとき、義成は八歳。重子は義成の補佐役として、連れ立って諸将の屋敷を訪れるようになります。

義政が実際に将軍になるのは、宝徳元（一四四九）年四月に征夷大将軍に任じられてからです。同じ年の八月に義教の正室であった三条尹子《ただこ》も死去し、将軍の生母としての重子の地位は不動のものとなりました。

ところが、義政の乳母ないし妾である今参局《いままいりのつぼね》が義政にさかんに口入れするようになり、義政は今参局の意見を聴くようになりました。そこで起きたのが、生母の重子と乳母の今参局との対立です。重子は、義政の正室に日野家から日野富子（一四四〇〜九六）を迎え入れて対抗しますが、次第に今参局の影響力が強まってゆきました。

女どうしの熾烈《しれつ》な争いは、今参局の死によって終結します。発端は長禄三（一四五九）年、日野富子が生んだ子が早世すると、重子はこれを今参局の呪詛によるものだと訴え、今参局は琵琶湖の沖ノ島に流罪になりました。その道中で、今参局は自害して果てたのです。重子にとっては、相手が都合よく死んでくれたというところでしょう。晩年は今参局の怨霊《おんりょう》に悩まされたと言われていますが、ともかく権力の座は守られたのでした。

夫亡きあとに後家となり、権力を手にする。重子が権力をもつにいたるプロセスは、北条政子と重なります。生母が幼少の治世者の代わりに後見人として権力をもつという構造は、武家社会でも根強く保たれたのです。

日野富子の「垂簾聴政」

日野重子が没し、そのあとを継ぐかのように権力の座に現れたのが、すでに触れた日野富子です。

足利義政には息子がいなかったので、異母弟の義視《よしみ》を後継者にしましたが、その直後に日野富子が男児（のちの義尚《よしひさ》）を出産しました。富子は、わが子を将軍の座につけようと画策し、そこに守護大名の細川勝元と山名宗全《やまなそうぜん》が介入したために応仁の乱が起こったと言われています。例えば歴史学者の三浦周行は、一九一六（大正五）年に出された『新編歴史と人物』という著作で次のように述べています。

神仏に籠《こ》めた祈願の甲斐あって男子を儲けた富子は人情としてこれに家督を譲りたい。義政とても思いは一つであるが、それでは義視に対して済まぬ気がしてならぬ。かくと見た富子は義視の保護者たる細川勝元に対して山名宗全を味方に引き入れその後援とした。義政は黙して彼女の為すがままに任せるのほかなかったのである。かくて両雄の争いはさらに両畠山の争いとなり、その間に諸大名の相続問題や幕府権臣の勢力争いなど種々の錯綜した事情が纏綿《てんめん》して応仁・文明の内乱となった。この活劇の黒幕に富子のあったことは誰とて見逭《みのが》されようか。彼赤入道《あかにゅうどう》の渾名《あだな》を取った宗全といい勝元といい、いずれも皆彼女に操られた傀儡《かいらい》に過ぎないのである。（「日野富子」）

しかし最近では、こうした見方に対する批判もなされています。中世史研究者の呉座《ござ》勇一によれば、義視の妻は富子の妹であり、両者の関係は必ずしも悪くありませんでした。富子は義尚成長までの中継ぎとしてなら義視の将軍就任を支持する立場であり、当初からわが子を将軍の座につけようと画策していたわけではなかったのです（『応仁の乱』）。そうだとすれば、確かに応仁元（一四六七）年の乱の勃発後、次期将軍の座をねらう義視は失脚するものの、乱の黒幕として富子がいたという三浦周行の説は修正されるべきでしょう。

富子は文明三（一四七一）年、義政と最初の別居に踏み切ります。二人が住んでいたのは「花の御所」と呼ばれていた室町第《むろまちてい》でしたが、義政はそこから細川勝元の新造邸に移りました。

不和の原因としては、室町第に同居していた後土御門《ごつちみかど》天皇と富子が内々密通しているという噂も取り沙汰されました。応仁の乱で内裏が消失し、室町第に後土御門天皇と後花園上皇が一時避難し、足利将軍家と天皇家が同居する事態になっていたからです。

なおこの時期の天皇家は、スポンサーだった足利将軍家が力を失ったのに伴い、歴史上最も経済的困窮に陥っており、後土御門およびそれに続く後柏原、後奈良の三人の天皇は生前退位したくても資金の工面ができず、終身在位せざるを得ませんでした。このため後土御門の前代に当たる後花園以降、織田信長や豊臣秀吉が新たなスポンサーとして現れるまで、上皇も途絶えたわけです。

文明五（一四七三）年、応仁の乱で対立していた山名宗全と細川勝元が相次いで死去すると、義政は将軍の座を義尚に譲ります。義尚は当時九歳で、富子の兄の日野勝光《かつみつ》が後見役になります。

このときはまだ義政が重要事を執政する体制が続いていましたが、文明八（一四七六）年に勝光が死去すると、義尚と室町第に同居していた富子が勝光の役割を担うようになり、徐々に富子が力を発揮するようになります。義尚は一二歳と幼少ですから、先程の日野重子と同じように幼少の将軍の母として権力を握るようになっていったと言えます。

ただ重子と異なるのは、義政が存命で、富子は後家ではなかったことです。しかしながら、隠居後の義政は義満とは異なり、東山山荘の造営など文化的な活動にのめり込むようになり、富子が将軍の後見人として政治力を発揮していったのです。

さらに義政が延徳二（一四九〇）年に死去すると、富子の権力はますます強まります。それが発揮されたのが、明応二（一四九三）年に起こった「明応の政変」でした。将軍の足利義材《よしき》（義稙《よしたね》）が細川政元により追放され、足利清晃《せいこう》（のちの義澄《よしずみ》）が将軍に擁立されたこの政変に、富子は深く関わっていました。呉座勇一は、「足利義政没後の日野富子は実質的に足利将軍家の『家長』の立場にあった。承久の乱に際して『尼将軍』北条政子の演説が鎌倉幕府の御家人たちの結束を固めたことからも分かるように、義政の正室かつ義尚の生母たる日野富子が清晃を積極的に支持したことは、幕臣たちの去就に大きな影響を与えたと考えられる」（前掲『応仁の乱』）と述べています。

一条兼良の『小夜のねざめ』と『樵談治要』

古くは神功皇后から始まり、武家政権成立後も北条政子、日野富子へと続く女性権力者の系譜をたどってきましたが、驚くことに日野富子が力をもっていた時代に、すでに女性の統治権力に着目する歴史観をもった人物がいました。学者にして公家の一条兼良《かねよし》（一四〇二～一四八一）です。日野富子はその学識を非常に高く買い、息子の義尚にその学識を授けようと重用したことでも知られています。
兼良が富子のために文明一一（一四七九）年ごろに書いたとされる『小夜《さよ》のねざめ』では、次のように述べています。

大かた此日本国は和国とて女のおさめ侍《はべ》るべき国なり。天照太神《あまてらすおおみかみ》も女躰《にょたい》にてわたらせ給ふうへ。神功皇后と申侍りしは八幡大菩薩の御母にてわたらせ給しぞかし。新羅百済をせめなびかして。此あしはらの国をおこし給ひき。ちかくは鎌倉の右大将の北のかた尼二位《政子》殿は二代《頼家実朝》将軍の母にて。大将ののちはひとへに鎌倉を管領せられ。いみじく成敗ありしかば。承久《順徳》のみだれの時も。此二位殿の仰《おおせ》とてこそ義時ももろ〳〵の大名には下知《げち》せられしか。されば女とてあなづり申べきにあらず。むかしは女躰のみかどのかしこくわたらせ給ふのみぞおほく侍《はべり》しか。

（『小夜のねざめ』）

日本は「女のおさめ侍るべき国」とした上で、アマテラス―神功皇后というラインを強調しているのがわかるでしょう。
兼良は、『小夜のねざめ』より二〇年以上前に記した『日本書紀』の注釈書である『日本書紀纂疏《さんそ》』のなかで、すでに「天照太神ハ、始祖ノ陰霊ナリ、神功皇后ハ、中興ノ女主ナリ」と述べていました。こうした記述には、同じく『日本書紀』の注釈書で、鎌倉中期に成立した卜部兼方《うらべかねかた》の『釈日本紀』からの影響が認められます。なぜなら『釈日本紀』にも、日本を「女国」ないし「姫氏国《きしこく》」とし、「天照大神、始祖ノ陰神ナリ。神功皇后マタ女主ナリ」とする記述があるからです。

ただし、『釈日本紀』や『日本書紀纂疏』との違いもあります。『小夜のねざめ』では「鎌倉の右大将の北のかた尼二位殿」、すなわち北条政子に言及し、アマテラス―神功皇后―北条政子という系譜を強調しながら、神功皇后の三韓征伐ばかりか、『吾妻鏡』に描かれた承久の乱に際しての北条政子の勇姿についても触れているからです。また昔は非常に優れた「女躰のみかど」、すなわち女帝が多かったとしています。兼良は富子に対して、女性であるからと言って卑下する必要はまったくなく、北条政子らをモデルとして、大いに政治に励むように激励しているのです。

兼良が文明一二(一四八〇)年に綴った『樵談治要《しょうだんちよう》』という書物もあります。これは、富子が義尚に読ませるために兼良に執筆させたと言われているものです。内容的には『小夜のねざめ』と重なる部分もありますが、このなかに「簾中《れんちゅう》より政務をこなはるゝ事」

という一節があります。
ここでも兼良は、日本は女性が治める国だと記し、アマテラスや神功皇后のほか、推古天皇、そして皇極から持統、元明、元正、孝謙と女性天皇が続いた歴史に触れています。
さらに北条政子の功績について語っているところは『小夜のねざめ』と同じですが、注目に値するのは、新たに中国の垂簾聴政について述べていることです。

もろこしには呂太后と申《もうす》は漢の高祖の后恵帝の母にて政をつかさどり侍り。唐の世には則天皇后と申は高宗の后中宗の母にて年久敷世《ひさしく》をたもち侍り。宋朝に宣仁皇后と申侍りしは哲宗《てっそう》皇帝の母にて。簾中ながら天下の政道ををこなひ給へり。これを垂簾の政とは申侍る也。

（『樵談治要』）

前漢の呂后、唐の武則天、さらに宋の宣仁皇后を挙げ、簾中ながら国政を行ったとし、それを「垂簾の政」と呼ぶと記しています。宣仁皇后のことを兼良は哲宗の母と書いていますが、正しくは祖母です。その点は間違えてはいるものの、室町時代にすでに宋の垂簾聴政に関する情報が伝わっていたことがわかります。

内藤湖南と和辻哲郎の兼良論

一条兼良は女性の権力者を高く評価していたように見えますが、女性観が大きく変容した近代には、そのとらえ方も異なっています。

東洋史学者の内藤湖南《こなん》は、一九二〇（大正九）年と二五年に京都帝国大学で行った講義をまとめた『中国近世史』のなかで、「元祐九年〔一〇九四〕、宣仁太皇太后は病歿《びょうぼつ》した。この人は神宗《しんそう》の改革案のごとき新主義の理窟は分からなかったが、徳のある聡明な人で、女中の尭《ぎょう》・舜《しゅん》〔ともに中国古代の伝説的聖天子〕といわれたくらいである」と述べています。宣仁皇后が垂簾聴政を行っていたことを踏まえながら、なおかつ評価したわけです。

ところが『樵談治要』を著した一条兼良については、一九二一年の講演録である「応仁の乱に就《つい》て」のなかでこう述べています。

此人の経綸《けいりん》といふものは、やはり昔からの貴族政治の習慣に囚《とら》はれて少しも新しい事を考へて居りませぬ。のみならず其当時の勢力あるものに幾らか阿附《あふ》する傾きがあつて、真に自分の意見を真直ぐに言つたのではないと思はれる節もあります。其一つを申しますと、其本の中に女が政治を執ることが書いてあるのです、併《しか》しそれは今日の所謂《いわゆる》女子参政権の問題ぢやありませんから御安心下さい（笑声起る）、詰《つま》りそれは簾中より政治を行ふ事で、将軍家などの奥向から表の政治に喙《くちばし》を入れる事でありますが、それに就て兼良の言つてゐる事は、之に賛成をしてゐるやうな口調であります。即ち女が簾中から政治をするといふことは古来どこでも弊害が多いといふことを言はれて居るのでありますが、兼良は其人さへよければいゝ、といふやうな頗《すこぶ》る曖昧な事を言つてお茶を濁して居ります。是は当時義政の御台所《みだいどころ》が大分政令に干与していろ〱な事をし、応仁の乱も実は義政の御台所が根本であると言はれる位に勢力のあるものであつたからして、其勢力に迎合してさういふことを書いたのではないかと思はれるのであります。

（「応仁の乱に就て」）

湖南は、垂簾聴政のように「女が政治を執る」のは弊害が多いという前提に立ちながら、兼良は権力をもっていた日野富子におもねって「簾中より政務をこなはるゝ事」を書いたのであり、兼良自身の意見を正直に言ったわけではないとしています。「今日の所謂女子参政権の問題」というのは、一九二〇年に設立された新婦人協会などの女性参政権を求める運動を指していますが、これにも湖南は否定的です。ちなみに、宣仁皇后については何も述べていません。

倫理学者の和辻哲郎もまた、一九五二（昭和二七）年に刊行された『日本倫理思想史』のなかで「簾中より政務ををこなはるゝ事」に触れながら、湖南とは違う見方を示しています。

> 道理に明るい人ならば、女でも政治を行なってよい。道理に暗ければ、男でも政治に与《あずか》ってはならない。これは正論であって非難の余地はないであろう。兼良が斥けようとしているのは、たとい道理に明るくとも、女である以上は政治にたずさわってはいけない、という考え方である。この考え方を斥けることは、間接に富子の政治干与を擁護することになったかも知れない。しかし直接に富子を推奨しているわけではない。兼良が推奨しているのは、聖徳太子の憲法を制定せしめた推古天皇や、貞観政《じょうがんせい》要《よう》を和訳させて読んだり貞永式目《じょうえいしきもく》を制定させたりした二位の尼などである。そういう教養や理解の力が兼良には大切なものであった。だから兼良が、政権に干与している富子にそういう教養や理解の力を持たせたいと考えたことは、疑いがない。

（『日本倫理思想史』上。傍点原文）

和辻は、兼良が富子の権勢におもねったとする湖南の見方をはっきりと否定しています。そして兼良にとって、政治にたずさわる上で重要なのは男女の性別ではなく道理の有無だとし、兼良は富子にそうした道理をもたせようとしたと解釈します。しかし実際には、富子は道理を身につけることができず、「垂簾の政」の悪評を変えるまでには至らなかったとも述べています。和辻もまた、兼良が富子の政治を無条件で評価していたわけではないとしたのです。

琉球王国と聞得大君

日野富子が権力をふるっていた時代、同じく東アジアの国々でも女性が実権を握るということが起きていました。その一つが琉球王国です。

琉球最初の統一王朝は、一五世紀に六三年間続いた「第一尚氏」王朝でした。七代尚《しょう》徳王《とくおう》のとき、第一尚氏王朝は断絶し、代わって尚円王《しょうえんおう》が「第二尚氏」王朝を建てて初代の国王になりました。尚円王は成化一二（一四七六）年に死去し、翌成化一三（一四七七）

年、三代尚真王《しょうしんおう》（一四六五〜一五二七）が一三歳で王位につきます。幼い王の後見役を務めたのが、その母后であり尚円王妃の宇喜也嘉《おぎやか》（一四四五〜一五〇五）でした。

なお成化というのは、中国（明）の元号です。明の朝貢国だった琉球では独自の元号がなく、一貫して中国の元号を使っていました。

また琉球には、いわゆる実録に相当するものもありません。そこで参考になるのは、中国や朝鮮などの周辺国の実録です。朝鮮王朝歴代国王の実録を編修した『朝鮮王朝実録』には、琉球に流れ着いた済州島《チェジュ》の金非衣《キムビウイ》が本国に帰り、ソウルの王宮で琉球王国について報告した記述があります。この人物は尚真王が即位した成宗八（一四七七）年に与那国島《よなぐにじま》に漂着し、翌年に沖縄本島に移り、成宗一〇（一四七九）年に帰国しています。

その報告のなかに、国王の行列に遭遇した際、朝鮮語を話せる人が次のように語ったとの記述があります。

言いて曰く「国王薨逝《こうせい》し、女主国を治む。輦《れん》に乗る者は是れ女主なり。騎馬の小児は即ち国王の子なり」と。

（池谷望子ほか編『朝鮮王朝実録　琉球史料集成』訳注篇。原漢文）

国王はすでに死に、女主（女性の君主）が国を治めている。輦（輿のようなもの）に乗っているのは女主で、馬に乗っているのは国王の子だと語ったということです。国を治めているのは女主、すなわち尚真王の母である宇喜也嘉だと断言しているのです。

またこの行列の様子を想像してみても、宇喜也嘉のほうが尚真王よりも国王らしい扱いを受けていることが推測できます。宇喜也嘉は輿のようなものに乗っていますから、おそらく姿は見えていないのではないかと思われます。一方、当時一四歳だった尚真王は馬に乗っているわけですから、姿は見えています。その様子からも、立場が逆転していることがうかがえます。

また同じく『朝鮮王朝実録』の同年六月にも、宇喜也嘉の行列の様子が描写されています。それによると、「漆輦に乗り、四面簾を垂る」とありますから、やはり先程の想像通り、御簾《みす》を垂らしていて姿は見えなかったことがわかります。さらに輿を担ぐ人が二〇人近く、護衛する人も百人前後いると記されており、まさに大行列です。そして「国人云う『国王薨《こう》して、嗣君《しくん》年幼し。故に母后朝に臨む。小郎年長ずれば則ち当《まさ》に国王為《た》るべし』と」（前掲『朝鮮王朝実録　琉球史料集成』訳注篇）と綴られています。

ここでもやはり国王が死に、その跡継ぎの国王が幼いから、母親が臨時で国王の代わりをしていると語っています。その子どもがもう少し成長すれば国王になるのだということです。この記述から、琉球でも垂簾聴政が行われていたことは明らかでしょう。

宇喜也嘉の権力は絶大なもので、行政権も祭祀権も掌握していました。琉球史を専門とする後田多敦《しいただあつし》は、次のように述べています。

尚真王が親政する年齢になると、おきやかは掌握していた『政権』の実権を尚真王へゆずり渡し、『教権』を娘・月清へ受け継がせた。そして月清は、第二尚王統の最高女神官・聞得大君となったのである。

（「琉球国の最高女神官・聞得大君創設期の諸相」）

宇喜也嘉がもっていた行政権と祭祀権をそれぞれ息子と娘に分け与えたということです。聞得大君とは、沖縄で祭祀を統括する最高位の女性を指します。以降、王妃や王女などが任命され、明治時代にいたるまで継承されました。折口信夫《おりくちしのぶ》は、一九二四（大正一三）年に書かれたと思われる「沖縄に存する我が古代信仰の残孼《ざんげつ》」のなかで、「明治以前には、沖縄に於《お》ける最高の神人として、聞得大君（ちふぃぢんと発音いたし候）と申すもの有之《これあり》、此は王家の寡婦を任用する事に相成居候《あいなりおりそうろ》へども、三百年前までは、王家の処女より出したる事、史書の記す所に御座候」と述べています。

琉球王国は、第一尚氏、第二尚氏の時代を通して、終身在位の原則が保たれました。この点では日本よりも中国や朝鮮に近いと言えますが、尚真王以降はたとえ幼少の国王が即位しても、「母」が後見役となることはありませんでした。それは折口が述べたように、国王が死去すると、「王家の寡婦」すなわち王妃は聞得大君に選ばれることが多く、幼少の国王の母もまた聞得大君として祭祀に専念したからです。この点は垂簾聴政が繰り返された中国や朝鮮とは対照的です。

朝鮮の垂簾聴政

沖縄の宇喜也嘉のほかに、日野富子と同時代で権力をもっていたもう一人の女性が朝鮮の貞熹《チョンヒ》王后尹氏《ユンシ》（一四一八〜八三）です。

彼女は七代国王世祖《セジョ》の正室でした。世祖三（一四五七）年に王位を継承するはずだった長男の桃源君《トウォングン》が死に、世祖一四（一四六八）年には、夫である世祖が死去します。そこで同年、次男の睿宗《イェジョン》が即位しますが、それからわずか一年あまりで死んでしまいます。

次々と家族の死に直面した貞熹王后は、今度は桃源君の次男で一三歳の者乙山君《チャウルサングン》を九代国王・成宗《ソンジョン》とし、大王大妃《テワンテビ》として垂簾聴政を始めました。つまり、国王の祖母が国政を治めることになるわけです。

成宗の生母は王位につかずに死去した懿敬世子《ウィギョンセジャ》（死後に王の称号を贈られて徳宗《トクジョン》となる）の正室、昭恵《ソヘ》王后韓氏《ハンシ》ですが、韓国ではドラマのタイトルにもなった仁粋大妃《インステビ》という名称のほうがよく知られています。貞熹王后は彼女とともに国政にあたり、成宗七（一四七六）年まで七年間にわたって垂簾聴政を続けました。以下、韓国で刊行されている『朝鮮時代史学報』という学術誌から、貞熹王后の垂簾聴政に関する論文を引用してみましょう。

垂簾聴政というのは、未成年の王が即位した場合、宮中で最も年長の大王大妃や大妃が簾を垂らし、王とともに政事を担当する制度のことであった。朝鮮王朝では何度か垂簾聴政があったが、大体成宗の時代に行われた世祖の王妃である貞熹王后の聴政を垂簾聴政の嚆矢《こうし》と認識している。またこれは中国宋代の宣仁太皇太后の摂政を古礼としている。

（林《イム》恵《ヘ》蓮《リョン》「朝鮮時代　垂簾聴政の整備過程」。原文はハングル）

「古礼」は原文でも漢字表記になっています。要するに、朝鮮の垂簾聴政は宋の時代の宣仁太皇太后の摂政をモデルとしたということです。具体的には、次のような条件の下で垂簾聴政が行われました。

成宗の時代に貞熹王后が聴政を始めたとき、宋王朝宣仁太皇太后の故事により施行したことがわかっている。宣仁太皇太后は宋王朝五代英宗《えいそう》の皇后であり、七代哲宗が即位するや摂政を行った。宋で太皇太后の摂政が施行される条件は、皇帝の年齢が幼いとき、皇帝が病に伏して政事を見ることができないとき、皇帝が突然崩御した場合である。宣仁太皇太后は宋王朝六代皇帝である神宗《しんそう》が病気だったため、彼が死亡する前の元豊八（一〇八五）年二月に聴政を行うことをすでに決定した。（同）

貞熹王后が北宋の太皇太后・宣仁皇后をモデルとして垂簾聴政を行ったというのは、一条兼良が『樵談治要』のなかで、「垂簾の政」のモデルとして宣仁皇后に言及したことを思い起こさせます。北宋の宣仁皇后が、東アジアで垂簾聴政のモデルとして広く認知されていた可能性が考えられるわけです。

また、先に述べた金非衣らが琉球から帰国したのは、貞熹皇后の垂簾聴政が終わった三年後のことです。そうすると、金非衣の報告を聞いた当時の朝鮮の国王、あるいは官僚たちは、琉球でも朝鮮と似たような政治が行われていると認識した可能性があるということが言えます。

当時の中国は、明の時代でした。明では后妃が権力をもつことを初代皇帝の洪武帝が非常に警戒し、宮中の外に出ることはもちろん、手紙のやりとりすら禁じ、それは明代を通して守られました。六代皇帝の正統帝が捕虜となった土木の変に際して、皇太后孫氏が一時的に権力を代行した例外もありましたが、明代は宋代とは対照的に皇后や皇太后は垂簾聴政を一度も行わず、権力をもつことのできる機会はきわめて限られていました（前田尚美「明代の皇后・皇太后の政治的位相」）。

一方、周辺諸国に当たる日本、琉球、朝鮮では、日野富子、宇喜也嘉、貞熹王后が、ほぼ同じ時期に母、あるいは祖母として権力を握っていたわけです。なおかつ日野富子に重用された一条兼良も貞熹王后も、宣仁皇后を意識していた可能性がある。そう考えると、たとえ同時代の中国で垂簾聴政が中断していたとしても、依然として中国の垂簾聴政が周辺諸国における女性の権力を正当化するためのモデルとしてとらえられていたという見方もできるのではないでしょうか。

後家としての北政所の役割

では本筋の歴史の流れに戻り、さらに次の時代、安土桃山時代を見ていきましょう。織田信長亡きあとに戦国の乱世を制し、天下統一をすることになる豊臣秀吉（一五三七〜九八）ですが、その政治に大きく影響を及ぼした女性が二人います。北政所《きたのまんどころ》と呼ばれた寧《ねい》（読み方は「ねね」「おね」とも。一五四八？〜一六二四）と、淀殿と呼ばれた浅井茶々《あざいちゃちゃ》（一五六九？〜一六一五）です。

北政所は秀吉の正室でありながら、子どもはいませんでした。天正一〇（一五八二）年の「本能寺の変」ののち、後継者争いに勝った秀吉とともに大坂城に移りましたが、天正一五（一五八七）年に秀吉の政庁兼邸宅として聚楽第《じゅらくてい》が京都に完成すると、秀吉とともにここへ移り住みました。そして再び大坂城に移る天正一九（一五九一）年まで聚楽第にいて、関白政治に関与していたとされています。つまり、「妻」であるにもかかわらず、秀吉政権の一翼を担っていたということです。

天正一八（一五九〇）年、秀吉が小田原の北条氏を攻めたときに呼んだのは、後述する淀殿でした。北政所は聚楽第にいて、その留守を預かっていました。田端泰子は、秀吉が小田原在陣中に北政所を聚楽第に置いたのは留守中の采配を任せ、淀殿から生まれた嫡男の鶴松（一五八九～九一）を後嗣《こうし》者に育てるためであり、「秀吉の在陣中の内政の総覧が、北政所おねいに与えられた役割であったと考える」（前掲『女人政治の中世』）とし、さらに次のように述べています。

　このような小田原〔在〕陣中のおねいの役割は、中世の武家社会で普遍的に見られた妻役割と共通するものである。鎌倉期以来、戦陣に参加したり、番役で京都や鎌倉、大宰府に詰める夫の不在中、所領を預り、それに対し責任を持ち、家の中で最高決定権を握ったのは妻であった。これが家政を取り仕切るという言葉の具体的な内容であったのである。（同）

中世の武家社会の慣習を引き継ぎ、戦陣に加わる夫の不在中に妻が家政を取り仕切る延長線上に、聚楽第での北政所の役割があったということです。ただし鶴松は生まれながら病弱で、天正一九（一五九一）年に三歳で死去しました。

文禄元（一五九二）年、秀吉は朝鮮出兵の陣頭指揮をとるべく、京都から肥前の名護屋《なごや》城へと移りました。このときも同行したのは淀殿で、北政所は大坂城に残りました。朝鮮半島に上陸した日本軍は、わずか二週間余りで朝鮮の首都ソウル（漢城《ハンソン》）を陥落させ、さらに一カ月余りで平壌《ピョンヤン》まで兵を進めました。

日本では文禄《ぶんろく》の役、朝鮮では壬辰倭乱《イムジンウェラン》と呼ばれるこの侵略戦争の一つに、「臨津江《イムジンガン》の戦い」があります。この戦いでは、加藤清正が朝鮮軍を壊滅させました。のちに佐賀藩の藩祖となる鍋島直茂《なべしまなおしげ》の家臣、田尻鑑種《たじりあきたね》の日記「高麗日記」では、臨津江の戦いの様子を記述したあとに突然、神功皇后の新羅征伐の物語が登場します。また同じく、平戸藩の初代藩主・松浦鎮信《まつらしげのぶ》の家臣、吉野甚五左衛門《よしのじんござえもん》の従軍日記でも、三韓征伐の記述が出てきます（北島万次《まんじ》『秀吉の朝鮮侵略』）。

臨津江というのは現在の韓国と北朝鮮の軍事境界線の近くを流れる川のことですが、日本軍が朝鮮を侵略していく過程のなかで、三韓征伐が思い起こされてゆくわけです。三韓征伐と同様、朝鮮半島へ日本軍が赴いて戦ったわけですから、なおさら思い入れも強かったでしょう。しかし、秀吉や北政所、淀殿といった人々が神功皇后を意識していたかどうかは定かではありません。

慶長三（一五九八）年、秀吉が死去します。その五年後、北政所は出家して高台院《こうだいいん》と称し、政治の一線から退きます。彼女の心中を、歴史学者の福田千鶴は「豊臣家の後家としての自己の役割を第一に豊臣家の菩提《ぼだい》を弔《とむら》うことに置くという、寧の意識変化があった。言い換えれば、豊臣家の行く末を案じながらも、世俗からは一歩引いた立場で秀頼《ひでより》を見守る決意をしたのである」（『淀殿』）と推察しています。

ここに、中世から近世への変化の兆しを読み取ることができます。中世の後家は、夫の死後に全面的に家を取り仕切り、権力をもちました。しかしながら、北政所は後家になっても権力をもちませんでした。こうして権力をもたずに菩提を純粋に弔うという役割を担っていくのが、江戸時代の将軍の正室にも受け継がれていったのではないかと考えられるのです。

ただ、このときはまだ歴史の岐路にありました。後家に与えられた、菩提を弔うという役割と、家を取り仕切るという二つの役割が、北政所と次に述べる淀殿に分裂して引き継がれたからです。田端泰子はこう述べています。

中世の後家は一般に跡継ぎが年少である時、後家と跡継ぎが力を合せて、あるいは後家自身が執政しており、また一方で亡夫の菩提を弔ってもいた。後家の二つの役割は一人の人格の中で行なわれてきた。（中略）不幸なことに、秀吉死後の後家役割が、二人の人によって別々に果されるという、後家役割の分裂が顕現したのである。

（前掲『女人政治の中世』）

では、淀殿が引き継いだ家を取り仕切るというもう一つの役割は、最終的にどのような結末を迎えたのでしょうか。

淀殿が決定づけた近世への流れ

淀殿はもともと豊臣秀吉の側室の一人でしたが、鶴松に次いで秀頼（一五九三～一六一五）を生んだことで正室に匹敵する地位へと昇格していきます。

秀吉の死後は、幼少の秀頼の母として北政所を上回る権力をもつようになります。しかしその権力は長くは続かず、元和元（一六一五）年の大坂夏の陣で秀頼とともに自害します。そしてのちにその存在は、女性が権力をもつとろくなことが起きないという、反面教師として語られていくようになります。

徳川幕府の四代将軍徳川家綱の時代に広まった『列女伝』という書物の中に、「牝鶏《ひんけい》」の話が出てきます。第一章の冒頭でも述べた『書経』に出てくる「めんどりは朝の時を告げることはない。もしめんどりが朝の時を告げれば、家が滅びてしまう」という、あの言い回しです。女が政治をする、あるいは権力を握ると、その国は滅ぶという喩《たと》えだと説明しました。日本政治思想史を研究している関口すみ子は、『列女伝』が広まった当時の背景を次のように述べています。

この前後につくられたと見られる武家家訓には、「牝鶏」の警告を含むものが少なくない。ふり返れば、御公儀自体、「淀殿」の陣営を亡ぼして成立したものである。警告は現実味を帯びていたに違いない。

（『御一新とジェンダー』）

徳川の支配は、権力をふるっていた淀殿を中心とする豊臣氏を大坂の陣で滅ぼしたことで確立された。そう考えると、「牝鶏」の話は、昔々の儒教の経典のなかの教えではなく、非常に生々しい現実としてあったということです。

また、淀殿が淫婦だったという風説も広まりました。前掲『淀殿』によりながら、いくつか例を挙げてみましょう。

真田増誉《さなだぞうよ》（?～一七〇七）が著した一八世紀ごろ成立の逸話集『明良洪範《めいりょうこうはん》』には、「大坂が亡んだのは、偏《ひとえ》に淀殿の不正より起こったのである」と綴られています。同様の記述は、天野信景《あまのさだかげ》（一六六三～一七三三）の随筆「塩尻」にも見られます。また、上田秋成《あきなり》（一七三四～一八〇九）の随筆「膽大小心録《たんだいしょうしんろく》」にも、「よどの君もかほよきのみならず、色好むさがのありて」云々と記されています。非常に器量がよかっただけではなくて、好色だったということです。

こうした見方は、明治になっても受け継がれました。竹越與三郎は、淀殿をフランスのルイ一五世の愛人だったポンパドゥール夫人に比すとともに、「秀吉の死するや、また諂《てん》諛《ゆ》、巧佞《こうねい》の徒に囲繞せられて、ついに傲慢《ごうまん》・放恣《ほうし》自ら制するあたわざる驕婦《きょうふ》となり、大《お》野《の》治長《はるなが》に私《し》す」（前掲『二千五百年史』五）と述べています。淀殿と大野治長は、密通していたとしたわけです。

このように淀殿には、スキャンダラスな語り口がついてまわるようになります。そこで思い出すのは、孝謙・称徳天皇です。権力をもった女性が否定的に語り継がれていく場合、非常に淫乱な女だったという話が再生産されるわけです。かくして後家の大事な役割であった、主人亡きあとに家を取り仕切るという役割は、淀殿の悪評とともに封印されていくことになります。

第四章　「母」の権力が封じられた時代——江戸時代

女性の権力が封じられた時代

これまで、女性がしばしば天皇や太上天皇となった飛鳥・奈良時代はもちろん、女性の天皇がいなくなり、男性の上皇や法皇による院政が常態化する平安時代以降においても、貴族社会や武家社会で女性が権力を握るケースがあったことを述べてきました。その多くは、天皇や将軍などの「母」、ないしは例外的に「妻」でした。ところが江戸時代になると、「母」の権力は封じられ、代わりに「父」が権力をもつ「大御所《おおごしょ》政治」が行われるようになりました。

将軍の妻妾たちは、江戸城本丸の大奥という閉ざされた空間で起居するようになり、そこに女性だけのヒエラルキーが築かれていきます。大奥では、主のようにずっといる老女が隠然とした権力をもち、時に政治に影響を与えることもありました。しかし、それはあくまでも将軍の庇護の下の権力であり、老中に匹敵する権力をもつことはあっても、将軍に匹敵する権力をもつことはありませんでした。

一方、同時代の中国では崇禎《すうてい》一七(一六四四)年に明が滅亡し、清の軍勢が北京を占領しました。このとき入城した皇帝のフリン(福臨。順治《じゅんち》帝)はまだ七歳だったため、前皇帝ホンタイジの弟に当たるドルゴンが摂政になりましたが、ホンタイジに嫁いだブムブタイ(布木布泰。孝荘文皇后《こうそうぶん》。モンゴルの貴族、ボルジギット〔博爾斉吉特〕氏出身の后の一人）もまた権力を保ちました。ブムブタイはフリンの母親で、フリンの即位とともに皇太后になりましたから、明代にはほぼ封じられていた「母」の権力が復活したわけです。

順治一八（一六六二）年、フリンが天然痘《てんねんとう》にかかると、ブムブタイは当時まだ八歳だった孫の玄燁《げんよう》（のちの康熙帝《こうき》）を皇帝にするようフリンに指名させます。そしてフリンが死去し、玄燁が皇帝になると、太皇太后となったブムブタイは垂簾聴政を行ったわけではないにせよ、幼帝を内廷で支えました。

中国社会史を研究する上田信《まこと》は、「ホンタイジの後二代にわたって幼少の皇帝が即位したものの、清朝の皇帝権力は動揺しなかった。その背後にはホンタイジの妻でフリンの母、そして玄燁の祖母であったボルジギット氏（孝荘文皇后・孝荘文皇太后）が宮廷を掌握し、ドルゴンなどの政治的実力者とも密接な連携を取りながら幼帝を後見したためである」（『海と帝国』）と述べています。さらに一九世紀の後半になると、咸豊《かんぽう》帝の正室の東太后《とうたいこう》（慈安《じあん》太后。一八三七～八一）や咸豊帝の側妃で同治《どうち》帝の生母の西太后《せいたいこう》（慈禧《じき》太后）により、垂簾聴政が大々的に復活します。

朝鮮でも、一六世紀から一九世紀にかけて、垂簾聴政が断続的に行われました。具体的に言えば、中宗《チュンジョン》の継妃で明宗《ミョンジョン》の生母だった文定王后《ムンジョンワンフ》尹氏《ユンシ》（一五〇一～六五）が明宗の時代に、明宗の正妃だった仁順《インスン》王后沈氏《シムシ》（一五三二～七五）が宣祖《ソンジョ》の時代に、英祖《ヨンジョ》の継妃だった貞純《チョンスン》王后金氏《キムシ》（一七四五～一八〇五）が純祖《スンジョ》の時代に、純祖の正妃で憲宗《ホンジョン》の祖母、哲宗《チョルジョン》の養母だった純元《スヌォン》王后金氏《キムシ》（一七八九～一八五七）が憲宗と哲宗の時代に、翼宗《イクジョン》の正妃で高宗《コジョン》の養母だった神貞《シンジョン》王后趙氏《チョシ》（一八〇九～九〇）が高宗の時代に、それぞれ垂簾聴政を行っています（前掲「朝鮮時代　垂簾聴政の整備過程」）。

ではなぜ、江戸時代の日本では、中国や朝鮮とは異なり、女性の権力が封じ込められるようになったのでしょうか。その道筋をつくった初代将軍で、徳川政治体制の基礎を築いた徳川家康（一五四二～一六一六）の話からまずは始めましょう。

「父」が支配する東日本と「母」が支配する西日本

徳川家康は、慶長五（一六〇〇）年の関ヶ原の戦いで勝ち、慶長八（一六〇三）年に征夷大将軍に任命され、江戸に公儀《こうぎ》（幕府）を開きます。しかしながら、大坂（現・大阪）には依然として豊臣秀吉の側室、淀殿とその息子の秀頼がおり、江戸の公儀成立後も権威を保っていました。

日本近世史を研究する笠谷和比古《かさやかずひこ》によれば、家康は当初、東日本は徳川家と将軍が支配し、西日本は豊臣家と秀頼が支配する「二重公儀体制」を構想していました（『徳川家康』）。京都から西に徳川系大名の領地をまったく設けなかったのは、まさにこのためでした。しかし家康は同時に、自らの死後に二重公儀体制のバランスが崩れ、関ヶ原合戦の負け組であった西日本の大名が秀頼を戴いて徳川討伐の軍を起こすことを恐れていました。家康が大坂の陣で豊臣家を滅ぼしたのは、それを未然に防ぐためであったのであり、「豊臣公儀体制と徳川将軍家を頂点とする徳川公儀体制との、矛盾と葛藤の所産として大坂の陣は理解される必要がある」（同）というのです。

近世史を長年研究してきた笠谷ならではの見事な考察でしょう。そこでもう一点、私なりに着目したいのは、秀吉亡きあとに大坂城で実質的に権力をもっていたのが、秀頼の生母である淀殿だったことです。一方、家康は慶長一〇（一六〇五）年に将軍職を息子の秀忠《ひでただ》（一五七九～一六三二）に譲って大御所となり、駿府《すんぷ》（現・静岡）に拠点を置きながら、将軍の父として権力をもち続けます。

つまり二重公儀体制とは、東日本を「父」が、西日本を「母」が支配する体制と言い換えることもできるでしょう。そのように考えると、大坂の陣というのは「母」を脅威に感じた「父」によって引き起こされたとは言えないでしょうか。

反面教師となった『吾妻鏡』

家康は、なぜそれほどまで淀殿の存在を脅威と感じたのでしょうか。その謎を解くヒントとして、『吾妻鏡』が家康の愛読書だったことに注目したいと思います。

『吾妻鏡』は第三章でも出てきましたが、鎌倉時代の歴史書で、慶長一〇（一六〇五）年には最初の活字版が家康によって刊行されています。この本に多く出てくる北条政子を、家康は反面教師として熟読したのではないかと考えられるのです。

家康は、武家社会の礎を築いた源頼朝を尊敬していたと言われています。しかしながら、源氏の支配はたった三代で終わりを迎えました。政子は頼朝の正室、ないしは頼家、実朝の生母として権力を握り、源氏から北条氏への政権交代を実現させ、尼将軍として北条氏の執権政治を支えた人物です。家康が、源氏将軍を断絶させた元凶として政子を見ていたとしても不思議ではありません。しかも第三章で触れたように、後鳥羽上皇が挙兵した承久の乱に際しては、北条方の御家人を鼓舞し、勝利へと導いた勇姿が『吾妻鏡』に描かれています。つまり、家康は女性が権力を握ることに対する教訓を、『吾妻鏡』から読み取った可能性が大いにあるのです。

政治学者の関口すみ子も、「『吾妻鏡』が愛読書であった家康ならば、当主の室で跡継ぎ〔の〕母である女性が、恐るべき権力者となりうることは熟知していたはずである」（前掲『御一新とジェンダー』）と述べています。家康としては、徳川家の支配をより固めたいという思いは当然あったでしょう。その際、跡継ぎの母というものが非常に警戒すべき存在として映ったということです。

事実、家康が正室を置いた時期は非常に限られています。築山殿《つきやまどの》が天正七（一五七九）年に死去したあと、天正一四（一五八六）年に秀吉の妹である朝日姫を正室（継室）に迎え入れますが、この結婚は政治上、避けられない形式的なものでした。そして結婚から四年後に朝日姫が死去して以降、正室を置いていません。つまり、将軍家康の正室に当たる御台所はいなかったのです。また家康の側室、すなわち妾についても、関口は次のように指摘しています。

妾に関しては、名だたる武将の娘や妹たちを並べた秀吉とは対照的に、その出自は概して低い。秀忠生母の西郷局《つぼね》でさえ、出自は完全には確定していない。生母の出自が低いということは、息子たちは、自分を支えてくれる独自の後ろ盾を持たないことを意味する。

（前掲『御一新とジェンダー』）

家康は、御台所を置かず、側室も出自が低い女性を選びました。戦国大名、浅井長政の娘だった淀殿（浅井茶々）のような女性はいなかったわけです。女性が権力をもつことに対して非常に警戒し、どうすればそうした事態を避けられるかを考えていたことのあらわれにほかならないでしょう。

そしてその警戒の目は当然のことながら、淀殿にも向けられたはずです。家康が恐れたのは自らの死後、淀殿が北条政子のような存在になり、徳川家の存続を脅かすことだったのではないでしょうか。だからこそ大坂の陣とは、豊臣家を武力で滅ぼすとともに、「母」の権力を封じることで「父」の支配を確立させるための戦いだったように思われてならないのです。

母になることを封じられた正室

大御所となった家康の権力は絶対的なものでした。その象徴的な出来事が、世継ぎ選びにまつわる一件です。

二代将軍秀忠の御台所、すなわち正室で、淀殿の妹でもあり、三代将軍家光の生母とされる浅井江《ごう》（崇源院《すうげんいん》。一五七三〜一六二六）は、長男の竹千代《たけちよ》（家光）よりも次男の国千代《くにちよ》（忠長《ただなが》）のほうを寵愛していたと言われています。それだけに江としては、本来ならば長男が家督を継ぐところ、次男に継いでほしいと願い、秀忠もそれに味方しました。

浅井江は江戸城大奥の最初の主であり、御台所でもありました。そんな江と現将軍である秀忠の夫婦で推したわけですから、そのままいけば忠長が世継ぎになるところでしたが、家光の乳母とされる稲葉福《いなばふく》（春日局《かすがのつぼね》。一五七九〜一六四三）が家康に直訴します。そこで家康が介入し、家光が世継ぎに決定しました。

ここで誰が最高権力者だったかと言うと、間違いなく大御所の家康です。大御所になるということは、将軍の座を譲って隠居するわけですが、それがかえって「父」として権力を増すことになり、最高権力者となるのです。

秀忠もまた同じように家光に将軍の座を譲り、大御所になります。ただし秀忠の場合、家康とは異なり駿府には移らず、江戸城本丸から西丸《にしのまる》へと移動しただけでした。秀忠のあとも、吉宗《よしむね》（一六八四〜一七五一）や家斉《いえなり》（一七七三〜一八四一）が大御所政治を行いました。家斉が大御所だったのは四年にすぎませんでしたが、将軍の地位にあった五〇年間も含めて「大御所時代」と呼ばれました。

大御所政治は、隠居した「父」がなおも権力をふるうという点において、第三章で触れた北条時頼や足利義満の政治と似ています。しかし、鎌倉時代や室町時代の武家社会では、将軍亡きあと、ないしは事実上引退したあと、正室であり世継ぎの母である女性が権力を発揮する場合がありました。関口すみ子は、江戸時代には浅井江以降、こうした女性はいないことに着眼し、次のように推察しています。

> 家光以後は、室《しつ》はお世継の生母とはならず、生母は妾がなる、という事実上の分業体制がとられた可能性がある。「(後)室＝母」権力は未然に封じられ、京都からの〔摂家か皇族から迎えられた〕室の領域は、由緒をもたらすことに限られたと推測される。
>
> (同)

九代将軍家重《いえしげ》(一七一一〜一七六一)までは生母の出自が非常に低かったのですが、それは生母が権力をもつことを警戒する家康の遺訓が守られたからでした。例えば五代将軍綱吉の生母桂昌院《けいしょういん》は、京都の八百屋の娘と言われており、八代将軍吉宗の生母浄円院《じょうえんいん》は、一説には紀州の百姓の娘と言われています。ところが家重以降、生母は旗本ないしは公家の出となり、地位が上がってくるわけです（畑尚子『江戸奥女中物語』）。ただ、それはあくまでも家柄のよさというものを利用しているだけであり、別にそれ自体が権力を付与することにはなりませんでした。

御台所は夫たる将軍が死去した場合、豊臣秀吉の正室だった北政所同様、落飾して西丸へと移り、将軍の菩提を弔い余生を過ごすことになっていました。たいていの正室が夫の死後に髪を剃《そ》り、「〇〇院」と名乗っているのはそのためです。

もっとも、御台所がいなかった将軍は家康だけではありませんでした。家継、吉宗、家重、一時期の家定もそうだったのです。その期間は江戸時代全体で約百年に及びました（畑尚子『幕末の大奥』）。

春日局が築いた大奥の権力

次に、将軍の妻妾が起居した大奥の内情を見ていきましょう。

もともと江戸城には大奥という区画はありましたが、二代将軍秀忠によって、江戸城本丸に表《おもて》（表向）、奥《おく》（中奥《なかおく》）、大奥の境界が設けられました（図参照）。表は将軍が謁見する広間や役人が働く座敷などがあり、幕府の中央政庁に当たる場所です。奥は将軍が寝起きし、政務を執った場所であるのに対して、大奥は後宮に当たり、将軍の妻や妾、子女、女中たちが生活する場所でした。奥との境は銅塀《あかがねべい》で厳重に仕切られ、奥と大奥は上・下二本の御鈴《おすず》廊下でつながっていました（深井雅海《まさうみ》『江戸城』）。

なお、同時代の京都の禁裏御所《きんりごしょ》も、表、口向《くちむき》、奥の三つに分かれていました。表は朝廷儀式が行われ、廷臣が政務を執る空間、口向は朝廷と幕府が交渉する空間であるのに対して、奥は女官《にょかん》が起居し、天皇や皇族が日常生活を送る空間でした（高橋博『近世の朝廷と女官制度』）。

江、すなわち崇源院の死後、大奥を整備したのが稲葉福、すなわち春日局です。前述のように、春日局は長らく家光の乳母とされてきましたが、福田千鶴はそうではなく、家光の生母ではなかったかとしています（『春日局』）。そうだとすれば、崇源院は家光の生母ではなかったことになるわけで、将軍家御台所を生母とする由緒正しき将軍は一人もいなかったことになります。それはともかく、春日局は大奥を取り仕切り、将軍家光の権威を背景に老中をも上回る実質的な権力を握りました。

図　江戸城周辺図（安藤優一郎『江戸城・大奥の秘密』をもとに作成）

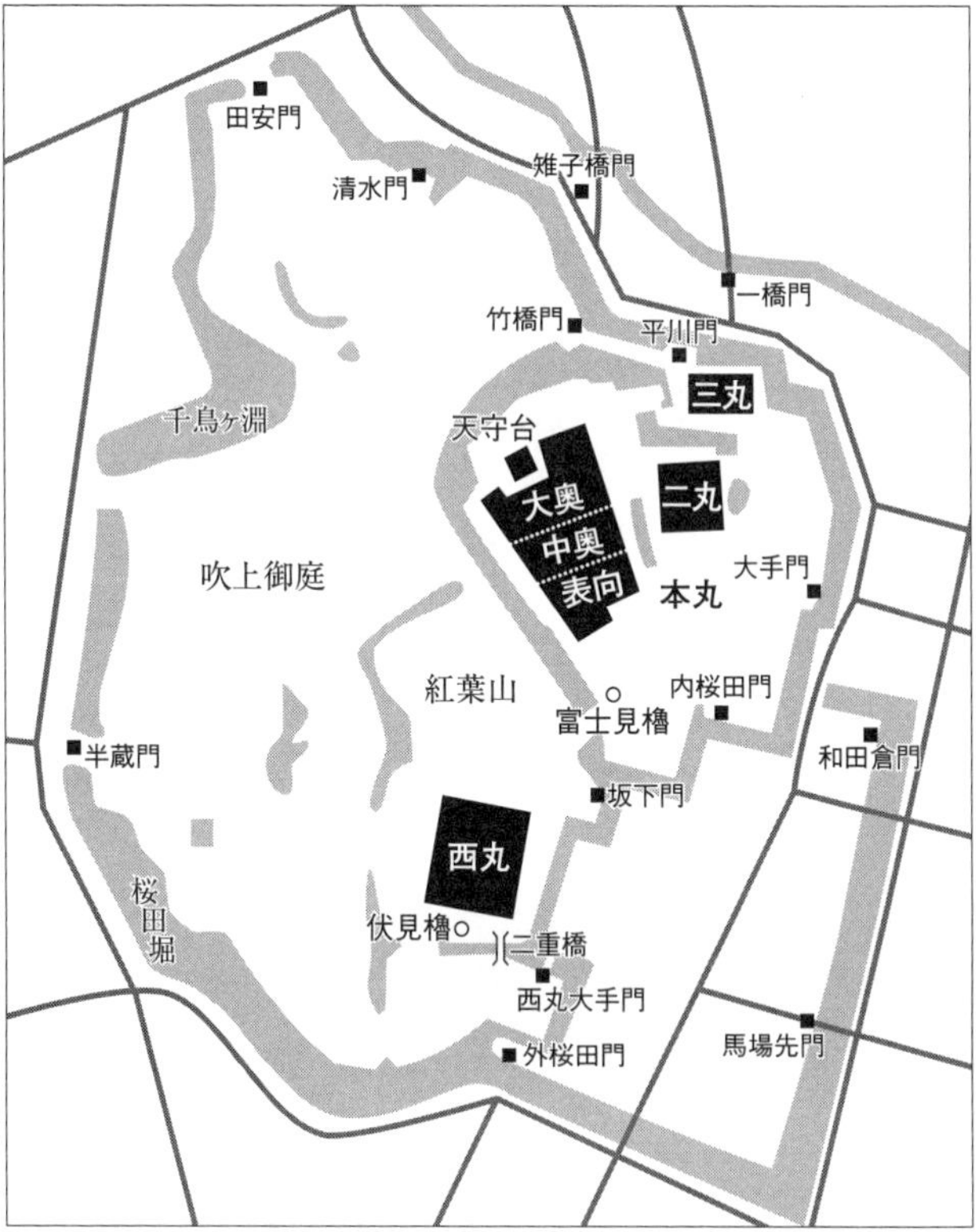

臨朝称制や垂簾聴政の場合は、幼い皇帝や国王の母や祖母がその権力を肩代わりするわけですから、事実上皇帝や国王を上回る権力をもった女性が現れるということを意味しています。しかし春日局でさえも、その権力は家光あってのものでした。つまり、江戸城内では、正室である御台所はもちろん、大奥を取り仕切る御年寄《おとしより》も含め、いかなる女性も権力の頂点に立つことがないよう、体制が整えられていったと言うことができるのです。

天英院の影響力

ところが、六代将軍家宣《いえのぶ》の時代になると、御台所の地位が大きく変わりました。それをよく示すのが、大奥の改造です。

側室の部屋は、それまで正室と並んで一区画を占めていましたが、女中の住まいである長局《ながつぼね》に吸収されます。側室が女中と同列に扱われることで、側室と正室との立場の違いが明確になったのです。

この時期に儀礼の改革を進めたのは、家宣の御台所で、家宣の死後に落飾して天英院《てんえいいん》（一六六六〜一七四一）と称した近衛熙子《このえひろこ》の父・近衛基熙《もとひろ》でした。家宣の側室で、同じく家宣の死後に落飾して月光院《げっこういん》（一六八五〜一七五二）と称したお喜世《きよ》は、七代将軍家継《いえつぐ》の生母でしたが、幕府は家宣の死後、天英院を家継の養母とし、側室が生んだ子でも正室を母としました。その一方で、生母の月光院の地位も上昇し、従三位に処せられました。家継が四歳で将軍になったことは、側用人《そばようにん》の間部詮房《まなべあきふさ》ばかりか、月光院が権力をもつことをも可能にしたのです。

月光院に仕えて大奥に入り、御年寄となった女性が絵島《えじま》でした。絵島は月光院の代わりに芝増上寺《しばぞうじょうじ》に参詣した帰途、芝居を見物し、役者の生島新五郎《いくしましんごろう》らと酒宴を楽しんだために大奥の門限の時刻に間に合わず、信濃国の高遠《たかとお》（現・長野県伊那市）に流されました。この「絵島生島事件」により月光院の権力は失墜し、大奥における天英院の権力が確立されます。家継が跡継ぎのないまま八歳で亡くなると、吉宗が家継の後継者に決定し、八代将軍になりますが、その決定には天英院の影響があったとされています。『徳川実紀』を読み解いた日本近世史学者の大石学はこう述べています。

『徳川実紀』によれば、吉宗は、年齢から言えば水戸の〔徳川〕綱条《つなえだ》が、家柄から言えば尾張《おわり》の〔徳川〕継友《つぐとも》が後見役にふさわしいと、辞退した。そこで、家宣の正室の天英院が吉宗を大奥に招いて、家宣の「御遺教《いきょう》のままに、国家の政務を摂し給ふべし。何事もただたのみ思召《おぼしめす》」と言ったところ、それでも吉宗が固辞したので、天英院は声高に「弥《いよいよ》辞退あるべからず」と命じ、吉宗もようやく謹んで拝命したという。

(『徳川吉宗』)

前代の将軍の正室が、次代の将軍の決定に関わっていたわけです。これは一見、皇太后や大妃が次代の皇帝や国王を決めた中国や朝鮮の臨朝称制や垂簾聴政、あるいは前述した孝荘文皇后が次代の皇帝の決定に関わっていたことに似ていますが、吉宗は家継とは異なり三三歳で将軍になりましたので、天英院が後見として権力をもつことはありませんでした。いかなる女性も権力の頂点に立つことはない徳川政治体制そのものが揺らぐことはなかったのです。

失敗に終わった松平定信の大奥改革

一一代将軍家斉《いえなり》の時代には、「寛政の改革」で知られる老中の松平定信《まつだいらさだのぶ》(一七五八〜一八二九)が大奥の改革にも乗り出しています。

天明八(一七八八)年、家斉と同僚の老中に対して、「御心得之ケ条」「老中心得之ケ条」

を提示します。「御心得之ケ条」は家斉が将軍として心得るべきことを提示したものでしたが、そのなかには「表向之儀《おもてむきのぎ》に付き、大奥向より相願い候儀は、御取り用いこれなき事、御台様《みだいさま》、御部屋様《おへやさま》在らせられ候とも、御政事向は勿論、表向之儀に御差し構え遊ばされ候事、在らせられず候よう、遊ばされるべき御事」という箇条がありました（安藤優一郎『江戸城・大奥の秘密』）。幕府政治について大奥から何らかの願い事があったとしても、それを採用してはならず、「御台様」すなわち将軍の正室であろうと「御部屋様」すなわち側室であろうと、政治に関する事柄についての発言は控えさせるようにしてほしいと求めたわけです。

大奥の女性が時に老中以上の権力をもつことが、定信には目障りでした。そこで権力争いの温床になっている大奥を、できるだけ政治に介入させないように改革しようとしたわけです。

ところが、定信は老中を解任されてしまいます。当然、背景には大奥からの強い反発があったとされています。定信の失脚によって大奥への締め付けは弱まり、幕府の財政は再び膨張し、政治への容喙《ようかい》も復活します。厳格な定信が去ったことで、家斉は以前にも増して享楽的な生活を送るようになり、大奥に入り浸って五十数人の子どもをなしています。

以下は余談ですが、一九四八（昭和二三）年六月に宮内府（現・宮内庁）長官となった田《た》島道治《じまみちじ》が、女官の制度を改革しようとします。当時の女官は、皇居で皇后に奉仕する侍従職に所属する女官と、皇太后が住む大宮御所《おおみやごしょ》で皇太后に奉仕する皇太后宮職に所属する女官の二つに分かれていました。

昭和天皇は皇太子時代から女官制度の改革に乗り出し、香淳《こうじゅん》皇后に付く女官は人数を減らした上で通勤制とし、結婚もできるように改めました。一方、昭和天皇の母親に当たる貞明《ていめい》皇后に付く女官は、貞明皇后が皇太后になっても人数が多く、独身のまま大宮御所に住み込み、源氏名《げんじな》で呼び合う習慣がなお温存されていました。元首相の芦田均《あしだひとし》は、田島道治が昭和天皇に「次には侍従職を改革したい」と言ったと日記に記していますが（『芦田均日記』第三巻）、前後の文脈から判断すると「侍従職」ではなく「皇太后宮職」が正しいと思われます。田島は侍従職と同じく、皇太后宮職の近代化を進めようとしたように見えるのです。

これに対し、皇太后を恐れていた昭和天皇はストップをかけます。そのとき語ったのが「松平定信は大奥に手をつけようとして失脚したね」という言葉でした（同）。芦田が記したように、これは「意味の深い御言葉」（同）だと思います。

敗戦直後にも侍従次長の木下道雄《きのしたみちお》が、皇太后宮職の改革に手をつけようとして皇太后の逆鱗《げきりん》にふれ、解任されています。昭和天皇からこうした言葉がとっさに出てきたということは、大宮御所がまるで江戸時代の大奥のようにとらえられていたということにほかなりません。そして、女だけの世界に手出しをすると痛い目に遭う、という教訓として、松平定信の改革は記憶されていたということです。

日本人が見た女帝エカチェリーナ二世

松平定信が辞任した二カ月後の寛政五（一七九三）年九月、徳川家斉は、ロシアに漂流し、女帝エカチェリーナ二世（一七二九〜九六）から帰国を許された船頭の大黒屋光太夫《だいこくやこうだゆう》らと面会しています。このとき尋問に当たった蘭学者の桂川甫周《ほしゅう》は、光太夫が話した女帝エカチェリーナ二世との面会の場面について、次のように書き残しています。

宮中の結構は方《ほう》二十間計《けんばかり》にて赤と緑《もえぎ》と斑文有《まだらある》ムラムラにて飾り、女主の左右には侍女五、六十人花を飾りて囲繞《いにょう》す。其内に崑崙《くろぼう》の女二人交《まじ》り居しとぞ。又此方《こなた》には執政以下の官人四百余員両班《よにんふたかわ》に立わかれて、威儀《いぎ》堂々と排居《なみい》たれば心もおくれ進みかねたるに、ウヲロンツヲーフ御まへ近く出《いで》よと有ける故、氈笠《けおりのかさ》を左の脇にはさみ拝せんとせしに、拝するに及ばず直《すぐ》に出よと有により、笠と杖とを下におき、御まへににじりより、かねて教へられしごとく左の足を折敷《おりしき》、右の膝をたて、手をかさねてさし出せば、女帝右の御手を伸《のべ》、指さきを光太夫が掌《たなごころ》の上にそとのせらるゝを三度舐《ねぶ》るごとくす。これ外国の人初《はじめ》て国王に拝謁の礼なりとぞ。（『北槎聞略《ほくさぶんりゃく》』）

このとき光太夫が女帝に面会したのは、首都のペテルブルク（現・サンクトペテルブルク）ではなく、皇帝が夏に滞在する別宮があったツァールスコエ・セロー（現・プーシキン）でした。引用文中の「ムラムラ」は大理石、「崑崙」は中央アジアのクンルン地方、「ウヲロンツヲーフ」はロシア人の貿易総取締高官の名を意味します。光太夫のような回船の船頭が一国の最高権力者の前に進み出たばかりか、最高権力者が船頭に向かって右手を伸ばし、指先を船頭の手のひらに接触させたのです。同時代の日本では決してあり得ない行為を目のあたりにした光太夫の驚きは、想像に難くありません。

しかも、その最高権力者は女性でした。女帝の左右にも、「侍女五、六十人」が取り囲んでいました。これもまた同時代の江戸城本丸では決して見ることのできない光景でした。

けれどもエカチェリーナの統治は、同時代の日本の知識人から注目されていました。数学者で北方問題に関心をもっていた本多利明は、「経世秘策」という著作のなかで「女帝エーカテリナの大徳」を高く評価しています（『本多利明・海保青陵《かいほせいりょう》』）。「女帝エーカテリナ」は、「干戈《かんか》」、すなわち戦争によってではなく、「大徳」によってロシアの領土を拡張したというのです。儒教的な用語が使われているにもかかわらず、女性は権力をもつべきではないというような儒教経典に由来する考え方はみじんもうかがえません。

ところが、エカチェリーナ二世の息子に当たり、エカチェリーナ二世が死去したあとに皇帝となったパーヴェル一世（一七五四〜一八〇一）は、皇位継承法を改正し、日本の明治時代に制定された皇室典範同様、男系長子相続に変えてしまいます。女帝が否定されたために、ロシア革命で銃殺されるニコライ二世は長女に皇位を譲ることができず、皇太子のアレクセイが血友病であることを極秘にしなければなりませんでした。

ロシアの近現代史を研究するロレーヌ・ド・モーは、「この重大な結果をもたらした決定の原因が、パーヴェルの母親への憎しみにあることは否定できない」と述べています（前掲『王妃たちの最期の日々』下）。こうしてロシアでも、日本より二世紀近く遅れて「母」の権力が封じ込まれることになりました。

将軍家と天皇家の確執

これまで将軍家を中心に述べてきましたが、ここで江戸時代の天皇家について少し見ておきましょう。

二代将軍秀忠と浅井江夫妻の五女である徳川和子（一六〇七〜七八）は、後水尾《ごみずのお》天皇と結婚し、のちに東福門院《とうふくもんいん》と呼ばれます。将軍の娘が天皇と結婚することは、かつての摂関家のように、徳川家が天皇の外戚になることを意味していました。

和子は、のちに明正《めいしょう》天皇になる興子《おきこ》内親王（一六二三〜九六）を出産します。そして寛永元（一六二四）年には女御から中宮になっています。前述のように中宮とは天皇の正室に与えられる称号で、皇后と同義ですが、南北朝時代以降途絶えていました。それが、和子のときに再興されます。明正は正室から生まれたことになるわけですが、正室から生まれた天皇は文永四（一二六七）年に亀山天皇の皇后、佶子《きっし》から生まれた後宇多《ごうだ》天皇以来のことでした（篠田達明『歴代天皇のカルテ』）。

しかし明正以降も、すべての天皇に中宮が立てられたわけではありませんでした。中国や朝鮮と同様の一夫一婦多妾制が確立されるまでには、なお時間がかかったわけです。明正の次代に当たる後光明《ごこうみょう》から大正までの天皇は、すべて側室から生まれています（同）。

この点では先に触れた徳川将軍とよく似ていたと言えるでしょう。

後水尾天皇の時代には、江戸時代における徳川家と天皇家の権力関係を象徴する事件が起きます。寛永四（一六二七）年の紫衣《しえ》事件です。

紫衣は高僧に与えられる紫色の袈裟《けさ》で、天皇から許された僧のみが着用することができました。公儀（幕府）は慶長二〇（一六一五）年に禁中《きんちゅう》並《ならびに》公家《くげ》諸法度《しょはっと》を定め、紫衣の授与に関する規制を設けていました。しかし、後水尾天皇は寛永四年、公儀に諮らずに紫衣を大徳寺の沢庵《たくあん》和尚《おしょう》らに与えました。そこで公儀は紫衣を取り上げるように命じ、反抗した沢庵らは寛永六（一六二九）年、流罪になったというのが事件のあらましです。この一件は、天皇家がいかに従属的な地位に置かれていたかを示したと言えるでしょう。

後水尾天皇はこの一件の直後、公儀へ何の断りもなく突然、七歳の興子内親王に譲位して上皇になってしまいました。それに伴い、和子もまた東福門院という院号を宣下され、女院となりました。

明正天皇は称徳天皇以来、八六〇年ぶりの女性天皇であり、徳川将軍家を外戚とする唯一の天皇でもありました。

そこで気になるのは、幼い明正天皇とその母である東福門院がいかなる権力をもちえたかということです。「所生の娘明正天皇が皇位を嗣いで、国母の地位についた東福門院の発言権は増した」（久保貴子『徳川和子』）とされていますが、その影響力は極めて限定的だったと考えざるを得ません。

禁中並公家諸法度により、天皇家は徳川家に対して従属的な関係にあったので、いくら発言力が増したとしても、国政を左右するような権力にはなりえませんでした。しかも、後水尾天皇は譲位して上皇となり、院政を行っていました。つまり、東福門院の上には後水尾天皇がいて、さらにその上に徳川家がいたわけです。

明正天皇にしても、実際の権限は後水尾上皇が握っていましたから、権力をもちようがありませんでした。その上、寛永二〇（一六四三）年に二一歳で譲位するまで、ずっと摂政が置かれており、二重、三重に権力を奪われていました。

譲位後、明正天皇は五〇年あまりにわたって上皇の座にありましたが、そのうちの三七年間は、後水尾が上皇ないし法皇として君臨していました。しかも一生を通して独身であり、母になることはありませんでした。したがって母として権力をふるうこともないまま、久しぶりに登場した女性天皇は、その生涯を終えたのです。

最後の女帝、後桜町天皇

江戸時代には明正天皇のあとにもう一人、女性天皇が誕生しています。智子《としこ》内親王、すなわち最後の女帝となった後桜町《ごさくらまち》天皇（一七四〇～一八一三）です。

宝暦一二（一七六二）年、兄である桃園天皇が死去すると、その皇子の英仁《ひでひと》親王（のちの後桃園天皇）が成長するまで智子内親王がつくべしとの遺言を受けて、二三歳で践祚《せんそ》します。践祚とはいまで言う即位のことです。英仁親王が五歳とまだ幼少だったため、その中継ぎとして伯母が抜擢《ばってき》されたのです。

在位していたのは八年間だけで、明正天皇同様、ずっと摂政が置かれていました。また彼女も生涯独身であり、天皇として権力をもつことがなかったことも明正天皇と同じです。

明和七（一七七〇）年に後桜町天皇は後桃園天皇に譲位して上皇となり、新たに造られた仙洞御所《せんとうごしょ》に移りました。ところが後桃園天皇は安永八（一七七九）年に亡くなり、九歳だった光格天皇が即位します。光格天皇は閑院宮《かんいんのみや》家の出身で、後桜町天皇とはまたいとこの関係にありましたが、後桜町は光格より三一歳年上だったため、あたかも母子のような関係でもありました。たとえ権力をもたなくても、「母」に当たる女性が幼帝を後見する政治文化が、ここにも受け継がれているわけです。

このため後桜町は幼少の光格の後見人としての役割を果たしたばかりか、光格が成人になってもなお教育的な指導を行いました。例えば寛政八（一七九六）年には後桜町が禁裏《きんり》に赴いて「和歌三部抄《しょう》」や「伊勢物語」を伝授していますし、翌寛政九年にも古伝や和歌を伝授しています（井筒清次編『天皇史年表』）。なお、現時点で最後の上皇となった光格もまた、天皇となった仁孝《にんこう》に「和歌三部抄」や「伊勢物語」を伝授しています（同）。

しかしこのことは、後桜町が男性の天皇と同様の天皇として認められていたことを意味するわけではありません。日本近世史の研究者である藤田覚《さとる》は、『江戸時代の天皇』のなかで、江戸時代の天皇の菩提寺である京都の泉涌寺《せんにゅうじ》には、明正と後桜町の肖像画がないと述べています。ほかの天皇の肖像画は全部あるのに、女性天皇の肖像画だけがない。ということは、女性天皇は「半天皇」としてしか認められていなかったことのあらわれではないかと指摘しています。あくまで女性天皇は中継ぎでしかなかったということです。

もう一つ例を挙げると、女性天皇と「血穢」の問題です。第二章で、奈良時代末期に女性を抑圧するイデオロギーとして血を忌み嫌う「血穢」の概念が生まれたと述べました。それが、女性天皇が祭祀を行う際の障害になっていました。

当時の主な祭祀としては、元旦に天地四方に祈りを捧げる「四方拝《しほうはい》」と、稲の収穫を祝い、五穀豊穣を願う「新嘗祭」の二つが挙げられます。しかし、明正天皇が在位中に四方拝を行うことはありませんでした。また後桜町天皇の時代、即位して最初の新嘗祭に当たる大嘗祭《だいじょうさい》は、月経の可能性に備えて予備日が設けられていたことがわかっています。実際には予備日ではなく、予定日に行われました。しかし、後桜町天皇は結局、四方拝にも新嘗祭にも一度も出なかったことが確認されています。

こうした例をとってみても、江戸時代の女帝は、強い権力を掌握していた古代の女帝とは対照的に、女性であるがゆえのケガレによって行動が規制され、権力をもたない存在になっていたことがわかります。

ただし、京都の禁裏で女性がまったく権力をもっていなかったわけではありません。それどころか、天皇は奥で女官たちに囲まれた生活を送っており、天皇に奉呈する文書はたとえ江戸の公儀からのものであろうと、勾当内侍《こうとうのないし》と呼ばれる女官に出されるなど、女官が権力をもっていました。『明治天皇紀』明治四（一八七一）年七月二十日条に「当時宮《きゅう》禁《きん》の制度、先例・故格を墨守するもの多くして、君側の臣は堂上華族《どうじょうかぞく》に限られ、先朝以来の女官権勢を張り、動《やや》もすれば聖明を覆ひたてまつる等の事無きにあらず」（『明治天皇紀』第二）とあるように、女官の権力はややもすれば天皇のすぐれた知や徳を覆い隠すほど大きかったのです。

反面教師としての中国の女帝

江戸時代を通じて女性が最高権力者になることができなかった背景に、歴史観の変化が挙げられます。家康が『吾妻鏡』を反面教師として読んだように、垂簾聴政や女性権力者の物語が否定的に語られるようになったのです。その矛先を向けられたのが、武則天や呂后といった中国で権勢をふるった女性たちです。

儒学者の山鹿素行《やまがそこう》は、寛文九（一六六九）年に著した『中朝事実』下（皇統・礼儀章）のなかで、「立后の礼正しからざれば則ち男女の別明かならず。而して内修《ないしゅう》の戒め行はれず。皇妃の道、之を規するに其礼を以てせざれば則ち宮闈《きゅうい》朝に臨み、垂簾政に預り、嗣主《ししゅ》をして虚位《きょい》を擁せしむるに至る。故に礼は夫婦に本《もと》づく」（原漢文）と述べています。文中の「宮闈」は皇后の宮殿、「虚位」は実権のない地位を意味します。素行は、皇后をきちんと立てなければ「男女の別」が明らかでなくなり、皇后が政治に介入して「垂簾政」が行われると警告しているのです。

また関口すみ子の前掲『御一新とジェンダー』によれば、元禄時代に中国の軍記物の翻訳版が相次いで出版され、一大ブームが起きたと言います。なかでも注目すべきは、宝永二（一七〇五）年に出版された中村昂然《こうぜん》著『通俗唐玄宗《げんそう》軍談』でしょう。

同書は、武則天が後宮に入り、皇后になるところから、楊貴妃《ようきひ》が殺害されるまでの物語です。まずは武則天が権力を上り詰め、続いて息子の中宗《ちゅうそう》がその皇后韋氏《いし》に権力を握られ、韋氏と娘の安楽公主《あんらくこうしゅ》によって毒殺されます。いわゆる「武韋《ぶい》の禍《か》」です。そしてその混乱を制した玄宗もまた、楊貴妃の一族に翻弄され、最後は涙を飲んで楊貴妃を殺すにいたる。女性が権力をもつことで悲劇が繰り返されるさまが、仮名まじりの平易な文で描かれています。

関口すみ子は、この本の流行によって「女性『皇帝』や、『公主』や寵姫《ちょうき》が影響力を行使する可能性が示されるとともに、それは、動乱を引き起こし、国を亡ぼす道に他ならないという『歴史の教訓』が、大衆的に流布していたのである」（同）と述べています。つまり、この軍記物は、武則天をはじめ女性が権力を左右したことで、結果的に唐の勢いを弱めさせ、滅亡を早めたという文脈で読まれたのです。女がのさばって権力をもつと、結局は国が滅びるという教訓を与えたわけです。

それだけではありません。「牝鶏の戒」も、江戸時代には知識人のあいだで常識のように浸透していきました。めんどりが時を告げると国が滅びるという、あの逸話です。

その一例が、天保九（一八三八）年に水戸藩主徳川斉昭《なりあき》が老中の水野忠邦《ただくに》に宛てて書いた書状です。斉昭はそのなかで「牝鶏の害」に注意を喚起し、忠邦は答書に「牝鶏の戒聖人の訓も有之《これあり》云々漢孝恵《こうけい》唐中宗の時世可如此《かくのごとくなるべしと》想像仕《つかまつる》」と綴り、賛意を表明したと言います。

「漢孝恵」とは、高祖劉邦を継いだ前漢二代の恵帝のことです。高祖と呂后の子である恵帝が即位したが、実権は母である呂太后に握られ、その残虐行為に耐えられず酒色にふけり、自滅に追い込まれたとされています。「唐中宗」は、先述の「武韋の禍」で死に追い込まれた唐の中宗のことです。つまり斉昭と忠邦は、呂后や武則天といった女性権力者が出てくると大変なことになるぞと、互いに言い合っていたわけです。

先に触れた武則天と同じく、呂后もまた評価が完全に逆転しています。中世においては北条政子や日野富子といった女性権力者を正当化するために引き合いに出されていた二人が、マイナスのシンボルとして語られるように変化していったのがわかるでしょう。

中国では、そうした戒めがありながらも絶対的な縛りにはならず、「牝鶏」に相当する女性が次々と出てきたのに対して、江戸時代の日本では中国や朝鮮以上に「牝鶏の害」が強調されるようになったのです。この違いを強調しておきたいと思います。

『大日本史』の女性観――神功皇后と北条政子

江戸時代に編纂が始まった歴史書と言えば、水戸藩主徳川光圀《みつくに》によって明暦三（一六五七）年から着手された『大日本史』があります。水戸藩の編纂事業として継続し、二五〇年近い年月をかけて一九〇六（明治三九）年に完成しました。

同書で神功皇后は、歴代天皇の記述である「本紀」には入らず、皇后や中宮、女御といった后妃について記した「列伝」に配列されています。つまり、神功皇后は天皇ではないとしたのです。

それは、これまでの歴史観の大逆転でした。『日本書紀』に描かれている神功皇后は、歴代天皇の誰もが成し得なかった対外戦争に赴き、勝利して帰ってくるという三韓征伐の主役です。破格の活躍をしたわけですから、特例として天皇にカウントしようという見方がそれまでは一般的でした。しかし、『大日本史』では「女主真に即けば、推古持統の如き皆天皇と称す。而して皇后則ち否なり。其後追諡《ついし》を議定して亦《ま》た神功皇后と曰《い》ふ。而して天皇の号を奉らず。是に由《よ》りて之を観《み》れば、其の宜しく帝紀に列すべからざること審《つまび》らかなり」（『大日本史』〈四〉。原漢文）として、天皇号が贈られなかった神功皇后は天皇ではないという解釈を示したのです。

また同書で、北条政子は「列女伝」に含まれています。「列女伝」には四一人の女性が収められ、「孝女を先とし、節婦を次とし、母則を挙げ、才芸を表す」（『大日本史』〈八〉。原漢文）、すなわち孝行な娘、節操をかたく守る女性、模範的な母親、才女の順に人名が挙げられています。北条政子は「節婦」の一人として挙げられていますが、「女子の才を以て称せらるるは、其れ殆《ほとん》ど徳の衰へたるか。源頼朝の妻、女流を以て天下の権を操るが若きは、亦た以て世変《せいへん》を見るべし」（同）とされているように、まったく評価されていません。政治学者の渡辺浩は、「『将軍家臣列伝』にも『叛臣伝』にも入れるわけには行かず、かといって無視もできなかったのであろう」（「『夫婦有別』と『夫婦相和シ』」）と推測しています。

朝鮮で垂簾聴政が復活

日本では女性の権力が封じ込められるなか、隣国朝鮮では一九世紀になると、幼少の国王が相次いで即位し、垂簾聴政が復活します。

正祖《チョンジョ》二四（一八〇〇）年、のちに触れる正祖が亡くなり、正祖の次男に当たる純祖《スンジョ》が一一歳で即位します。そこで幼少の国王に代わり、英祖《ヨンジョ》の継妃で、大王大妃《テワンテビ》の貞純王后《ジョンスン》金《キム》氏《シ》が垂簾聴政を行います。

現国王の妻が王后《ワンフ》ないし王妃《ワンビ》で、その前の妃は大妃《テビ》さらに二代前は王大妃《ワンテビ》となります。王大妃の前にさらに「大」がついた大王大妃は、三代前の国王の妃ということになります。少し複雑ですから、ここで家系図をおさらいしておきましょう。

英祖は朝鮮王朝二一代国王で、息子に思悼世子《サドセジャ》がいましたが、この息子は英祖の逆鱗にふれ、米櫃《こめびつ》のなかに入れられ、餓死するという悲惨な最期を迎えています。その息子に正祖がいて、英祖はこの孫に期待をかけます。日本でも人気を博した「イ・サン」という韓流ドラマがありますが、イ・サン（李祘）は正祖の本名です。

英祖は、正祖に英才教育をして、二二代国王を継がせます。拙著『直訴と王権』で記したように、この英祖と正祖という二人の国王は、ともに卓越したリーダーシップを発揮し、臣下に対する君主の優位を確立させました。しかしながら、正祖は四九歳で亡くなり、一一歳の純祖が即位しました。つまり、純祖にとって貞純王后金氏は義理の曽祖母に

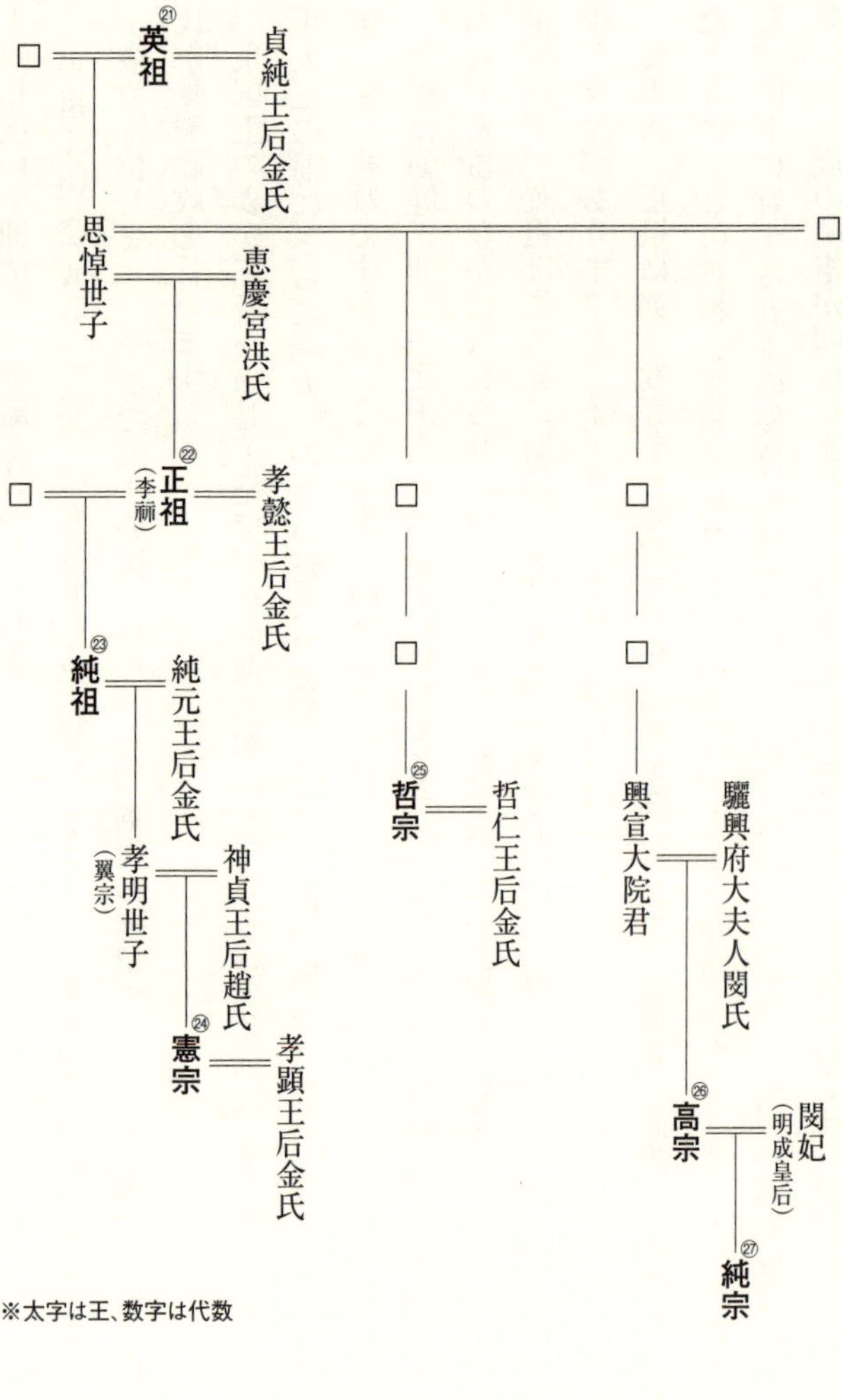

□
㉑ 英祖
貞純王后金氏
思悼世子
恵慶宮洪氏
□
□
㉒ 正祖 (李祘)
孝懿王后金氏
□
□
□
□
□
㉓ 純祖
純元王后金氏
孝明世子 (翼宗)
神貞王后趙氏
㉔ 憲宗
孝顕王后金氏
㉕ 哲宗
哲仁王后金氏
興宣大院君
驪興府大夫人閔氏
㉖ 高宗
閔妃 (明成皇后)
㉗ 純宗

※太字は王、数字は代数

当たります。ひいおばあさんがまだ生きていたことに驚くかもしれませんが、英祖の晩年に若くして結婚したために、正祖の時代もずっと生きていて最長老になり、権力を握ったというわけです。

実際に垂簾聴政がどういうふうに行われていたかというと、簾の前には国王がいて、その両側に臣下たちが並んでいます。そこだけ見ると、まるで国王が仕切っているように見えますが、簾の後ろには大王大妃が控えていて、外からは見えないようになっています。そして実際には、簾の後ろに隠れている大王大妃が命令を下し、国王はあくまでその場にいる傀儡にすぎません。そうした形態の政治が一九世紀初頭に復活し、貞純王后は四年間にわたって執政しました。

貞純王后の死をきっかけとして、純祖の正妃に当たる純元王后金氏の父、金祖淳《キムジョスン》が権力を握り、金祖淳の家系の安東金氏《アンドンキムシ》が外戚として台頭します。具体的に言えば、純祖、憲宗《ホンジョン》、哲宗《チョルジョン》の三代にわたって王后を送り出すことで、安東金氏は外戚としての地位を不動のものにしました。なお安東は慶尚北道《キョンサンボクド》の地名（現・安東市）で、安東金氏というのは安東を本貫（発祥地）とする金氏一族のことです。外戚が権力を独占する政治は、朝鮮では勢道《せいどう》政治と呼ばれました。

時代を超えて東アジアで共有される「聖母」

貞純王后が定めた法律の一つに、「垂簾聴政節目」があります。韓国の歴史学者、林恵《イムヘ》蓮《リョン》は、「一九世紀の垂簾聴政は、制度的に整備された『垂簾聴政節目』によって合法的かつ公的に運営された」（「19世紀垂簾聴政の特徴」。原文はハングル）と述べています。つまり、一時のイレギュラーな体制ではなく、恒常化したものとして垂簾聴政を王朝の制度のなかに組み込もうとしたわけです。実際、一九世紀には四代続けて垂簾聴政が行われています。

最初が純祖、次が純祖の孫に当たり、純祖三四（一八三四）年に八歳で即位した憲宗。このときは純祖の王妃で、王大妃の純元《スヌォン》王后金氏《キムシ》が七年間、垂簾聴政を行いました。純元王后はさらに憲宗一五（一八四九）年、哲宗が一九歳で即位した際にも、大王大妃として三年間、垂簾聴政を行っています。次に、高宗《コジョン》が哲宗一四（一八六三）年に一二歳で即位すると、今度は翼宗《イクジョン》の王妃で大王大妃の神貞《シンジョン》王后趙氏《チョシ》が四年間、垂簾聴政を行いました。なお、翼宗というのは、純祖の王世子《ワンセジャ》（皇太子に相当）であった孝明世子《ヒョミョンセジャ》のことです。純祖に代わって政治を行いながら二二歳で死去したのち、息子の憲宗の即位とともに翼宗に追尊され、国王と同格になった人物です。四代続けて幼少の国王が出てきたので、いずれも王室の最長老に当たる王大妃や大王大妃、つまり祖母や曽祖母が垂簾聴政を行っていたのです。「垂簾聴政節目」の規定は全部で一二カ条あり、その第一条には次のように書かれています。

このたび大王大妃殿下が垂簾して親政されるようになったことは、この国に関係するきわめて重大な礼であるので、謹んで宋朝宣仁太后の故事と本国の貞熹聖母《チョンヒソンモ》という良き手本を参考にして準備し、挙行することにする。

（前掲「朝鮮時代　垂簾聴政の整備過程」。原文はハングル）

宣仁太后は、宋の時代に垂簾聴政を行った皇太后です。一条兼良が日野富子の政治を正当化するために言及したのも、この皇太后でした。「垂簾聴政節目」では、宣仁太后と朝鮮王朝で垂簾聴政を始めた貞熹王后をモデルとして垂簾聴政を行うとしています。

中国で垂簾聴政を始めた皇后は、宣仁太后が最初ではありません。それ以前にも、前漢の呂后、唐の武則天、宋の仁宗の時代の章献太后などがいました。しかし、「朝鮮で唯一宣仁太后の垂簾聴政を古礼として参考にしたのは、宣仁太后の摂政が大変優れたものと評価されたからである」（同）としています。

また、朝鮮で垂簾聴政を始めた貞熹王后を聖母《ソンモ》としているところも注目に値します。日本では、とくに九州において神功皇后が聖母《しょうも》と呼ばれています。中国では皇帝の生母が通常、聖母と称されました（前掲「『嫡母』と『生母』」）。聖母という称号は、日本のみならず朝鮮でも、中国でもあったということです。

このように、朝鮮王朝では垂簾聴政が合法化され、一八〇〇年代から一八六〇年代まで七〇年近く、祖母や曽祖母が幼少の国王の代役として権力を握る体制が断続的に続きました。一方、中国では、東太后と西太后が出てきます。同じころに日本では徳川政治体制が崩壊し、明治維新を迎えていました。つまり「父」の権力によって築き上げられた体制が崩壊するなか、周辺諸国では「母」が権力をふるう垂簾聴政が大々的に復活していたわけです。

天璋院と和宮

話が先に進みすぎてしまいました。ここでもう一度、時計の針を幕末に戻すと、重要な女性が二人浮かんできます。一三代将軍家定の御台所となった天璋院《てんしょういん》（篤姫《あつひめ》。一八三六〜

一八八三）と、孝明天皇の妹である和宮《かずのみや》（一八四六～七七）です。

天璋院が御台所だった期間は一年半にすぎませんでしたが、安政五（一八五八）年に家定を継いで将軍となった家茂《いえもち》はまだ一三歳でしたので、天璋院の存在感は増しました。家茂が将軍になっても、天璋院は西丸大奥に移らず、引き続き本丸にとどまっています。この点に関する限り、前に触れた天英院に似ています。しかし畑尚子は、「天英院の例に倣《なら》い年少の将軍の後見という意味あいがあったともいえるが、前将軍の実子で五歳で将軍職についた家継と、紀州から養君《ようくん》となり、すでに一三歳になっていた家茂では、かなり立場が異なったのではないだろうか」（前掲『幕末の大奥』）としています。

文久二（一八六二）年、家茂は和宮との婚礼を江戸城で盛大に執り行い、御台所として迎えます。その前年の文久元（一八六一）年四月、和宮は親子《ちかこ》内親王となり、一一月に京都から江戸にやってきていました。

それでも天璋院は、本丸大奥から移ろうとしませんでした。つまり、大奥には江戸方の天璋院と、京方の親子内親王という、まったく異なる二つの文化が同居することになったのです。そこで生じたのは、君臣関係もしくは嫁姑関係のどちらを優先するかという問題でした。

普通の家庭道徳からいへば嫁が姑を上に立てるのが当然であるが、和宮は直宮《じきみや》としての御降嫁《こうか》であるから、君臣の関係も考へなければならない。幕府は宮を皇族として御待遇申上げることを誓つてゐたことであり、宮は直宮としての威厳を保たれようとするのであるから、「いかに内親王様でも徳川家に来られた以上は、親子の倫常《りんじょう》はぜひ踏んでもらはねばならぬ。」といふ天璋院と衝突を来《きた》すのは必然であつた。

（『類聚　伝記大日本史』第一五巻）

天皇の妹に当たる和宮は、君臣の君ですから、将軍家茂といえども臣になります。つまり、君臣関係を優先するならば、和宮のほうが天璋院よりも上になります。しかし天璋院は、自分は姑なのだから、自分のほうが当然上だと反発します。

実際のところ、どちらが大奥の実権を握っていたかと言えば、どうやら天璋院に軍配が上がりそうです。それを暗示しているのが、文久三（一八六三）年、家茂が京都に赴いたときの一件です。

将軍の上洛は、寛永一一（一六三四）年の家光以来、じつに二三〇年ぶりのことでした。

家茂は文久三年二月一三日に江戸を発ち、六月一六日に戻ります。このとき往路は陸路、復路は海路でした。同年一二月二七日、再び江戸を発ち、翌年五月二〇日に戻ります。今度は往復ともに海路でした。その際、天璋院は海路を使うことに反対したという、奥女中の回顧が残されています。

昭徳院様（十四代将軍家茂）の二度目の御上洛の時に、先には陸《おか》をお出でになりましたが、二度目は蒸汽《ママ》船で御進発になることで、天璋院様が蒸汽船などに召しては危ないことであるとお案じなすって、どうか蒸汽船は止めたらよろしかろうと仰しゃいましたが、なにぶん老中が承知いたしませぬというので、それでは私が逢って話しましょうというので、老中をお召しになって御面会なすったのが初めてでございます。

（前掲『江戸城・大奥の秘密』）

この文章は、『旧事諮問録』に収められた「大奥の事」からの引用です。「初めて」というのは、大奥の対面所に老中を呼んだことを指します。本来ならば、男性は将軍や医者、子どもを除いて大奥には入ってはならないことになっていましたが、このときは天璋院が特例として老中を呼び入れたということです。そこで老中は天璋院を翻意させようと説得を試み、天璋院も家茂が蒸気船に乗って上洛することを許したとされています。この一件だけ見ると、和宮は一切出てきません。また、わざわざ天璋院のところへ出向くという老中の行動を見ても、天璋院が力をもっていたことが推し量れるでしょう。

慶応二（一八六六）年に家茂が死去すると、和宮は落飾して静寛院宮《せいかんいんのみや》になります。その後も、静寛院宮と天璋院は対立しながらも大奥で同居していました。そこに、大奥全体を揺るがす事態が起きます。

大奥の瓦解

徳川慶喜は京都で大政奉還をしたあと、鳥羽・伏見の開戦直後に大坂城をひそかに退去し、慶応四（一八六八）年一月一二日、海路経由で大坂から江戸に戻ってきます。当時、江戸城本丸は火事で焼失し、大奥を含む本丸の機能はすべて西丸に移っていました。

戻ってきた慶喜は、静寛院宮に鳥羽・伏見の戦いに関する弁明書を朝廷に出してほしいと頼みます。静寛院宮は、いったんは慶喜の頼みを断ったものの、最終的に東海道先鋒《せんぽう》総督の橋本実梁《さねやな》に宛てた書状を送っています。また、天璋院も東征大総督府参謀の西郷隆盛に宛てて書状を送りました。反目し合っていた静寛院宮と天璋院が二人で協力し、徳川家の存続と江戸での戦争の回避に向けて、かなり積極的に動いていることがうかがえます。

こうした大奥の書状も要因の一つとなり、江戸城総攻撃は直前に中止されました。そして四月四日に橋本実梁が勅使として江戸に入り、慶喜に水戸への退隠を命じる勅旨を伝えます。九日に、静寛院宮は大奥を退去。翌一〇日には、天璋院も大奥を退去します。さらに一一日、慶喜が謹慎していた上野寛永寺を出て水戸に向かい、二一日に江戸城は正式に官軍へ引き渡されました。

こうして大奥はなくなったと言われていますが、しかし話はそう単純ではありません。確かにいったんはなくなりますが、明治になるとまた大奥に相当する空間が復活してくるのです。

将軍が去り、新たに天皇が京都から江戸にやってくる。皇后や女官もまた天皇に少し遅れて京都から東京にやってくる。すると、西丸の御小座敷《おこざしき》が天皇常御殿《つねごてん》となり、御座之間《ござのま》が皇后常御殿となり、西丸大奥が女官部屋となります。女官部屋はかつての大奥同様、男子禁制の空間でした。明治四(一八七一)年八月、すべての女官はいったん罷免《ひめん》され、改めて典侍や権典侍や掌侍などの女官が採用されましたが、明治五年四月には再び後宮が刷新され、三六人の女官が罷免されました（『昭憲皇太后実録』上）。なおこの年には女官部屋が西丸大奥から紅葉山《もみじやま》と呼ばれる区域に移されています。

江戸時代には将軍の正室も大奥に住んでいましたが、明治以降は天皇常御殿に隣接して皇后常御殿がつくられることで、天皇と皇后が近接して住むようになり、皇后は女官部屋、すなわち局《つぼね》から切り離されます。この局を監督することになるのは、天皇ではなく、皇后です。局のなかで百人近くの女官たちが住み込み、階級を形成するという世界がまた築かれてゆくわけです。

ですから、大奥が完全に瓦解したかというと、実態としてはそうではありません。一度は瓦解しながらも、結局は似たような空間が生まれる。明治時代になったからといって、必ずしも天皇家は一足飛びに近代化したわけではありません。

徳川家康が大坂の陣で淀殿を頂点とする「母」の権力を封じ込めたことで、中国や朝鮮に見られたような垂簾聴政は不可能になり、「父」の権力が確立されたのが江戸時代でした。確かに二人の女性天皇も誕生しましたが、その権力は二重三重に制限されていました。では明治に入ると何が変わり、何が受け継がれたのか。江戸時代からの連続性も視野に入れながら、明治時代へ時を進めていくことにしましょう。

第五章

皇后が「祈る」主体となる時代

——明治・大正・昭和時代

パートナーとしての皇后像

明治時代に入り、先進国の仲間入りをしようと国の近代化が推し進められました。その一つが天皇制の改革です。天皇の「男性化」に合わせて、皇后の「女性化」も進められました。軍事指導者としての新たな天皇像がつくられるとともに、政治に口出しせず、天皇を陰で支えるパートナーとしての皇后像もつくられてゆきました。

この点では確かに女性に絶対的な権力をもたせないようにした江戸時代を踏襲していましたが、明治四（一八七二）年に制定された「四時《しじ》祭典定則」では、皇后が天皇とともに宮中祭祀に出席することが「定則」化されました（大岡弘「近代皇室祭祀における皇后の御拝と御代拝について」）。国家神道の整備とともに、皇后はアマテラスや歴代天皇の霊に向かって「祈る」主体として新たに登場したのです。

前章で触れたように、江戸時代の皇室では徳川和子が後水尾天皇の中宮、すなわち皇后となり、明正天皇を生みました。徳川将軍家でも一〇代家治《いえはる》以降、御台所と呼ばれる将軍の正室が家定の一時期を除いてずっと立てられることで、一夫一婦多妾制が確立されました。明治になると、天皇の正室は文字通り皇后と呼ばれるようになり、新たにつくられた「御真影《ごしんえい》」に象徴されるように、一夫一婦の関係が強調されます。しかし実際には、後宮に相当する空間に多くの妾が控える一夫一婦多妾制が維持されたのです。

こう書くと、一夫一婦多妾制がずっと維持されてきた中国や朝鮮と共通するように見えるかもしれませんが、徳川将軍は家治以前も以後も（母親が春日局であれば家光も含めて）ずっと側室から生まれていますし、天皇も明正天皇の次代に当たる後光明《ごこうみょう》天皇から大正天皇までは、一四代続けて側室から生まれています。明治政府は西洋列強のまなざしを意識しながら、表向き天皇と皇后の御真影をセットで用意するなど一夫一婦制を演出しようとしましたが、実際には一夫一婦制を当然の前提とした西欧諸国とはもちろん、一夫一婦多妾制をとりながらも皇帝や国王が正室である皇后や王后から生まれることも少なくなかった中国や朝鮮とも異なっていたわけです。

明治と同時代の中国では、咸豊帝の正室である東太后や、咸豊帝の側妃で同治帝の母であった西太后が垂簾聴政を行っていましたし、朝鮮では神貞王后趙氏《シンジョンワンフチョシ》の垂簾聴政が終わっても、高宗《コジョン》の王妃で純宗《スンジョ》の母である閔妃《ミンビ》（明成皇后《ミョンソン》）が、外戚となった驪興閔氏《ヨフンミンシ》とともに国王を上回る権力を保ちました。一方、日本では、こうした隣国とは対照的な皇后像がつくられてゆくことになります。

一世一元と終身在位制の導入

天皇制の改革は、天皇制の「中国化」を意味しました。

まず導入されたのが、一世一元の制です。これは、皇帝の在位中は元号を変えないという、中国が明の時代から採用してきた制度です。それまで日本では、一人の天皇が在位している間、天災や飢饉《ききん》が起こるたびに元号を変えることがしばしば行われてきました。

岩倉具視《ともみ》は、慶応四（一八六八）年八月に「御評議意見書」を提出し、「御一代御一号之儀ニ被決《きめられ》候而《そうろうて》ハ如何」と述べています。要するに、天皇一代で一つの元号にしたらどうでしょうかという提案です。表立って「中国に倣ってそうするのだ」とは言っていませんが、中国のことが念頭にあったのは間違いありません。

この提案が採用され、慶応四年九月八日、一八七三（明治六）年から日本でも施行される太陽暦に直すと一八六八年一〇月二三日に「其れ慶応四年を改めて明治元年と為す。今より以後、旧制を革易し、一世一元、以て永式と為す」と記された「一世一元の詔《みことのり》」が出されます。そしてこれ以降、今日に至るまで、一世一元の制が続いています。

そしてもう一つ、大きな変化が終身在位制の導入です。これも「中国化」の一環と見なすことができます。

中国では、上皇に相当する太上皇帝（太上皇）となった唐の玄宗や清の乾隆帝《けんりゅうてい》などの例外はあるものの、皇帝は死ぬまで皇帝として在位し続けるのが原則でした。一方、それまでの日本では生前退位が頻繁に行われていました。皇極から光格まで、全体の七割近く、北朝の天皇を含めれば七割を超える天皇が退位していたのです。しかしこれを改め、死ぬまで天皇として在位し続ける制度に変えたということです。

一八八九（明治二二）年に制定された旧皇室典範の最初の試案と目されるのが、一八八六年に宮内省が立案した「第一稿皇室制規」です。宮内省制度取調局の長官となった伊藤博文の下で起草されたとされています（島善高『近代皇室制度の形成』）。その「第九」には、「天皇在世中ハ譲位セス登遐《とうか》ノ時儲君直ニ天皇ト称スヘシ」という一節があります（『明治皇室典範』上）。天皇が在世中、すなわち生きている間は譲位しない。登遐は崩御と同じ意味で、儲君は「ちょくん」あるいは「もうけのきみ」と読み、皇位継承者を意味します。つまり、天皇が死んだときにその跡を継ぐ者、多くは皇太子ですが、その継承者を直ちに天皇と称するという規定がここで登場します。

このとき、明治憲法の草案に携わったことで知られる井上毅《こわし》は「謹具意見」を提出し、「叡慮《えいりょ》次第ニハ、幷《ならび》ニ時宜《じぎ》次第ニハ、穏ニ譲位アラセ玉フ〻《こと》、尤《もっと》モ美事タルヘシ、起草

第九条ノ上項ハ、削去アリテ然ルヘキカ」として譲位を認め、宮内省案に反論しています(同)。ところが、宮内省が立案した「第二稿帝室典則」の「第九」は、「第一稿皇室制規」と変わっていません。結局、この条文は旧皇室典範の第十条「天皇崩スルトキハ皇嗣《こうし》即チ践祚《せんそ》シ祖宗《そそう》ノ神器ヲ承《う》ク」という文に継承されました。譲位を認めていた井上の意見を、最終的に宮内省は受け入れなかったのです。

では、いったいここでの宮内省の主体は誰だったのかと言えば、もちろん伊藤博文以外考えられません。旧皇室典範で天皇の譲位が最終的に否定されるまでの詳細については、憲法学者の奥平康弘《おくだいらやすひろ》が『「萬世一系」の研究』下で論じていますが、井上毅が執筆し、伊藤博文著の形をとる典範の逐条解説書「皇室典範義解《ぎげ》」では、第十条について次のように記されています。

神武天皇ヨリ舒明天皇ニ至ル迄三十四世嘗《かつ》テ譲位ノ事アラス譲位ノ例ノ皇極天皇ニ始マリシハ蓋《けだし》女帝仮摂《かせつ》ヨリ来ル者ナリ(中略)聖武天皇光仁天皇ニ至テ遂ニ定例ヲ為セリ此ヲ世変ノ一トス其ノ後権臣ノ強迫ニ因リ両統互立ヲ例トスルノ事アルニ至ル而シテ南北朝ノ乱亦此ニ源因セリ本条ニ践祚ヲ以テ先帝崩御ノ後ニ即チ行ハル、者ト定

メタルハ上代ノ恒典《こうてん》ニ因《よ》リ中古以来譲位ノ慣例ヲ改ムル者ナリ

(『帝国憲法皇室典範義解』)

神武天皇から舒明天皇までは譲位がなかった。女帝である皇極天皇から譲位が始まったが、それはあくまで「仮摂」、つまり中継ぎの摂政だった。幼少の男性天皇に代わって女性が一時的に天皇になることはあっても、男性天皇が成長すれば譲位したということです。女帝を「仮摂」としているところに、あとで触れるような女帝に対する否定的な認識がうかがえます。

しかしながら聖武天皇や光仁天皇以降、男性も譲位することが「定例」となり、鎌倉時代には持明院統と大覚寺統が交互に皇位につく「両統互立」が常態となって南北朝の動乱を招いてしまった。譲位は本来の姿ではないのだから、もう一度上代の恒典、つまり原点に戻って、七世紀の中古以来、譲位が行われるようになった慣例を改めるのだと述べています。これを読む限り、終身在位だった三四代までの時代に戻すことで、神武創業を掲げた明治維新の精神に立ち返ろうという意図が強くあったことがわかります。

女帝の可否

旧皇室典範の制定に当たってもう一つ大きな論点となったのは、女帝を認めるべきか否かという問題でした。前述した「第一稿皇室制規」の「第一」には、「皇位ハ男系ヲ以テ継承スルモノトス若《も》シ皇族中男系絶ユルトキハ皇族中女系ヲ以テ継承ス」とあるように、男系の皇位継承を原則としながらも、女性天皇ばかりか女系天皇まで認めていました。ところが井上毅は、前述した「謹具意見」でこの条文を批判し、男系男子による皇位継承を主張しました。

従来ノ皇胤《こういん》ヲ繁栄ナラシムル為ニハ他ノ種々ノ方法アリテ此ノ憂慮ヲ塞《ふさ》クニ充分ナルヘシ（中略）又我カ国ノ女帝即位ノ例ハ初メハ摂政ニ起因セシ者ニシテ皆一時ノ臨朝ニシテ、ヤガテ御位ヲ他ノ皇太子又ハ皇太弟ニ譲リ玉フ御事ナレハナルヘクハ初メノ神功摂政ノ御趣意ニ復シタキモノナリ故ニ故《こと》サラニ掲載セザル方、マシナルカ如シ

（前掲『明治皇室典範』上）

奥平康弘が指摘しているように、井上は「男系主義に固執したからといっても皇位継承

候補者の欠如には心配無用である。その確保のためには『他ノ種々ノ方法』がある」としながら、その「方法」については明言していません（前掲『「萬世一系」の研究』下）。そしてこれまでの女帝はすべて「一時の臨朝」であり、神功皇后が女帝としてではなく、応神天皇の摂政として政治を行った最初の事例に立ち返るならば、女性や女系の天皇を認めるべきではないとしたのです。

井上がここで自らの主張の根拠として長々と引用しているのが、ともに政治家でジャーナリストの島田三郎と沼《ぬ》間《ま》守一《もりかず》による「女帝ヲ立ルノ可否」です。そこには次のような、露骨なまでの男尊女卑観が示されています。島田、沼間の順に原文を引用してみます。

政治ハ時勢人情ヲ以テ之ガ基本トセザル可ラズ。我国ノ現状男ヲ以テ尊シトナシ、之ヲ女子ノ上ニ位セリ。今皇婿（こうせい）ヲ立テ憲法上女帝ヲ第一尊位ニ置クモ、通国ノ人情ハ制度ヲ以テ之ヲ一朝ニ変ズル能ハザル者ナルガ故ニ、女帝ノ上ニ一ノ尊位ヲ占ムルノ人アルガ如キ想ヲ為スハ、日本国人ノ得テ免カル、能ハザル所ナルベシ。（島田）

男ヲ尊ビ女ヲ卑ムノ慣習、人民ノ脳髄ヲ支配スル我国ニ至テハ、女帝ヲ立テ皇婿ヲ置

クノ不可ナルハ、多弁ヲ費スヲ要セザルヘシ。（沼間）

（前掲『明治皇室典範』上。傍点原文。濁点・句読点を補った）

島田も沼間も、日本は男尊女卑の国なのだと断言してはばかりません。沼間は、日本ではその慣習が「人民ノ脳髄」を支配しているとまで極言しています。だからこそ、仮に女帝を認めたとしても、直ちにその「通国ノ人情」、すなわち国民性が変わるわけではないから、女帝のパートナーとなる男性の婿があたかも女帝の上に立っているかのような感じになってしまう。これでは天皇の尊厳を保つことができない——島田はこう言っているのです。明治初期の日本では、ヴィクトリア女王が君臨していた同時代のイギリスとはもちろん、皇后や側妃や王后が皇帝や国王を上回る権力をもっていた同時代の中国や朝鮮とも異なり、女は男の上に立つことができないという言説が説得力をもってしまうほど、女性が権力から遠ざけられていたことに注意しなければならないでしょう。

前述した「第二稿皇室典則」の「第一」には、「皇位ハ皇子ニ伝フヘシ」とあります。皇子というのは、男子の皇族のことです。「第一稿皇室制規」とは異なり、女性天皇や女系天皇が否定されたわけです。これは、「謹具意見」における井上の主張が受け入れられたことを意味しています。

先程触れたように、譲位の問題では譲位を認めない伊藤博文に対して井上毅が反論したものの、伊藤は井上の反論をしりぞけています。ところが女帝の問題では、男系主義を原則としつつも、おそらく男系、女系にこだわらず王位が継承されてきたイギリスなどの事例を念頭に女系天皇を認めようとする伊藤に対して井上が反論した結果、伊藤は井上の反論を受け入れたわけです。

旧皇室典範の第一条では、「大日本国皇位ハ祖宗ノ皇統ニシテ男系ノ男子之ヲ継承ス」とあるように、天皇になれるのは「男系ノ男子」だけであることがより一層明言されました。同時に第四条では、「皇子孫ノ皇位ヲ継承スルハ嫡出子ヲ先ニス皇庶子孫ノ皇位ヲ継承スルハ皇嫡出子孫皆在ラサルトキニ限ル」として、条件付きながら側室の子である庶子にも皇位継承を認めました。「男系ノ男子」を絶やさないようにするためには、こうせざるを得なかったのです。

摂政を置かなかった明治新政府

旧皇室典範の第五章は、摂政について規定しています。その第十九条から第二十一条までの条文は、以下の通りです。

第十九条　天皇未《いま》タ成年ニ達セサルトキハ摂政ヲ置ク
天皇久《ひさし》キニ亘《わた》ルノ故障ニ由《よ》リ大政ヲ親《みずか》ラスルコト能《あた》ハサルトキハ皇族会議及枢密顧問ノ議ヲ経テ摂政ヲ置ク

第二十条　摂政ハ成年ニ達シタル皇太子又ハ皇太孫之《これ》ニ任ス

第二十一条　皇太子皇太孫在ラサルカ又ハ未タ成年ニ達セサルトキハ左ノ順序ニ依《よ》リ摂政ニ任ス

第一　親王及王
第二　皇后
第三　皇太后
第四　太皇太后
第五　内親王及女王

前述のように、第一条では皇位継承者の資格を「男系ノ男子」だけとし、女性を全面的に排除したわけですが、摂政についてはそうではありません。あくまでも第二十条と第二十一条で男子を優先させながら、第二十一条では皇后、皇太后、太皇太后、内親王及び女王の順で女子にも資格を与えています。前掲『皇室典範義解』では、第一条と第二十一条について、こう記されています。

本条皇位ノ継承ヲ以テ男系ノ男子ニ限リ而《しこう》シテ又第二十一条ニ於《おい》テ皇后皇女ノ摂政ヲ掲クル者ハ蓋《けだし》皆先王ノ遺意ヲ紹述スル者ニシテ苟《いやしく》モ新例ヲ創《はじ》ムルニ非《あら》サルナリ（第一条）

第一条ニ皇位ヲ継承スルハ男系ノ男子ニ限ルコトヲ掲ケタリ而シテ本条皇后皇女ニ摂政ノ権ヲ付与スルハ蓋上古以来ノ慣例ニ遵《したが》ヒ且摂政其ノ人ヲ得ルノ道ヲ広クシ人臣ニ下及《かきゅう》スルノ漸《ぜん》ヲ杜《ふさ》カムトナリ（第二十一条）

伊藤博文（執筆者は井上毅）は、皇后が摂政についた例として神功皇后に、また皇女が摂政についた例として履中《りちゅう》天皇の皇女であり、清寧《せいねい》天皇の死後に執政したとされる飯豊青皇女《いいとよあおのひめみこ》に言及し、女性にも摂政の資格を与えるのはこうした前例を踏襲するためであり、新たに慣例をつくったわけではないとしています。しかし女性が摂政になる可能性は、順位から言っても低かったと言わざるを得ません。

睦仁《むつひと》親王（明治天皇。一八五二～一九一二）は慶応三（一八六七）年、満一四歳で践祚し、天皇になりました。もしこのときすでに旧皇室典範ができていれば、摂政を立てなければならなかったわけです。当時は伏見宮邦家《ふしみのみやくにいえ》親王や有栖川宮幟仁《ありすがわのみやたかひと》親王などの親王がいました。また孝明《こうめい》天皇の女御だった九条夙子《くじょうあさこ》は、孝明天皇の死去に伴い、慶応四（一八六八）年に皇后を経ずにいきなり皇太后（英照《えいしょう》皇太后）になりましたし、一条美子《はるこ》は慶応三年に満一八歳で明治天皇の女御に内定し、明治元（一八六八）年に皇后になっています。睦仁親王が天皇になった当時、美子はまだ成年に達していませんでしたが、伏見宮邦家親王も有栖川宮幟仁親王も九条夙子も成年に達していましたから、この三者は誰もが旧皇室典範で規定された摂政になれる条件を満たしていたわけです。

しかし実際には、親王も皇太后も摂政にはなりませんでした。それは新政府が、明治天皇が「幼冲《ようちゅう》の天子」であることを知りながら、天皇親政の建前をとったからです。英照皇太后は明治天皇の嫡母であり、孝明天皇亡きあとの皇室において最長老になりましたが、生母の中山慶子《よしこ》を含めて、「母」として権力をもつ余地は周到に排除されました。この点は同時代の中国や朝鮮と対照的です。

しかも皇后美子と皇太后夙子は、天皇睦仁とは異なり、明治維新後も直ちに東京には移りませんでした。皇后美子が京都から東京に移ったのは明治二（一八六九）年、皇太后夙子が京都から東京に移ったのは明治五（一八七二）年でした。このとき、女官制度も改革され、皇后がすべての女官を統括することになったわけです。

東京に移った皇太后と皇后は、しばしばそろって外出しました。一八七三（明治六）年には二人で熊谷県の富岡製糸場（現・群馬県）を見学していますし、一八七九（明治一二）年には二人で横浜に行き、軍艦「扶桑《ふそう》」などを見学しています。こうした皇太后や皇后の頻繁な外出は、江戸時代には考えられないことでした。

もっとも皇太后や皇后は、たとえ軍艦を見学しても、軍事指導者である天皇にとって代わることはありませんでした。明治政府が天皇を京都から東京に移した上、女官たちから天皇を切り離し、軍事指導者とするべく男性化を図ったこともまた、女帝の排除につながった一因と言えます。

西太后の垂簾聴政

明治維新よりも少し前、中国の清では幼少の皇帝が誕生していました。咸豊一一（一八六二）年、咸豊帝の死去に伴い、六歳で即位した同治帝です。

明治天皇に嫡母の九条夙子と生母の中山慶子という二人の母がいたように、同治帝にも同じく二人の母がいました。嫡母は、咸豊帝の正室である東太后（慈安太后）で、生母は、咸豊帝の側妃である西太后（慈禧太后）です。明治天皇の場合は、まだ幼少だったにもかかわらず、半ば強引に親政の建前をとったのに対して、同治帝の場合は前例に倣い、垂簾聴政が行われました。しかも嫡母である東太后と、生母である西太后という二人の母による垂簾聴政です。

日本では、生母の中山慶子はあくまで典侍、すなわち女官のトップにすぎず、皇太后となった九条夙子のほうが格上とされました。慶子は臣下の身として明治天皇にほとんど会えず、孝明天皇を弔う質素な生活を続けました（伊藤之雄『明治天皇』）。しかし中国の場合、第一章で触れたように生母の地位が日本よりも高く、西太后と東太后は皇太后として同格でした。ですから、二人とも権力を手にしたのです。

同治一三（一八七四）年、同治帝が一九歳で亡くなります。子どもはいなかったため、西

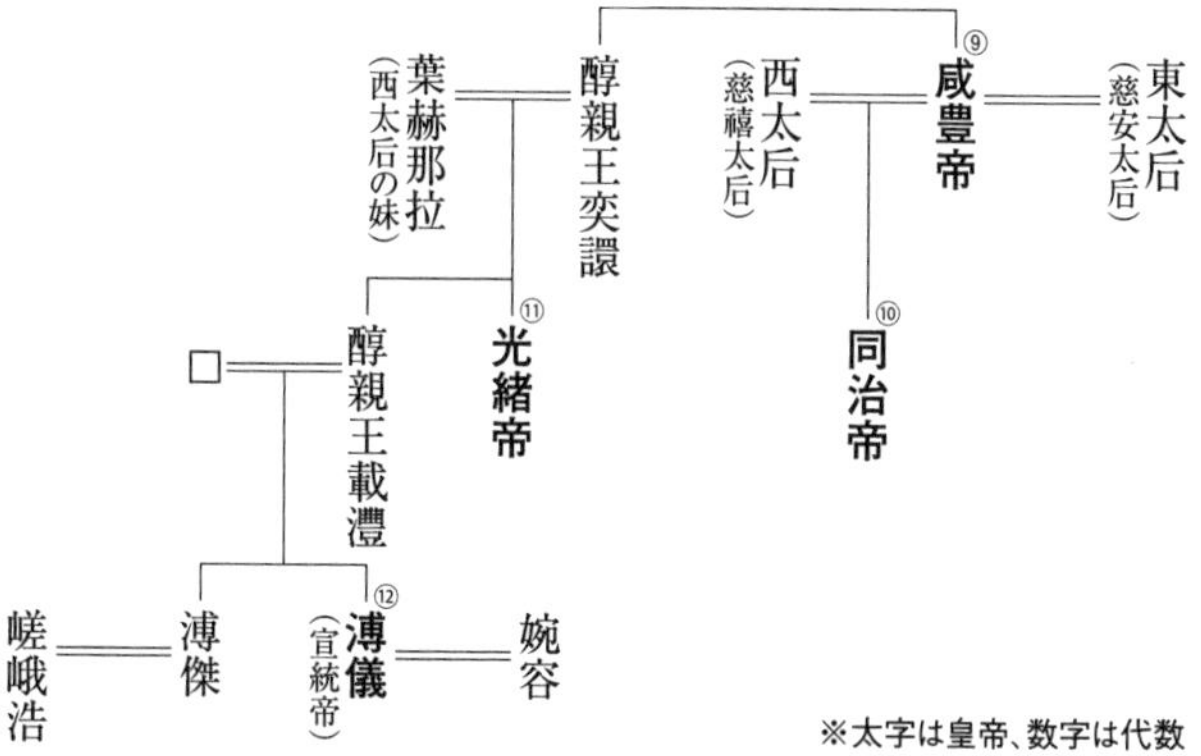

※太字は皇帝、数字は代数

太后は妹の子であり、咸豊帝の弟、醇親王奕譞《じゅんしんのうえきけん》の息子である四歳の醇親王載湉《じゅんしんのうさいてん》を光緒帝として即位させ、垂簾聴政を開始しました。このときも東太后は、西太后に並び立ち、執政の座についていました。

二巨頭体制が崩れるのは光緒七（一八八一）年、東太后の突然の死によってです。西太后が毒殺したという説がありますが、真実のほどはさておき、東太后の急死によって西太后が突出した権力をもつようになったことは確かです。

光緒一五（一八八九）年には、西太后は結婚した光緒帝に親政を許し、自らは北京郊外の離宮・頤和《いわ》園《えん》に移ります。ただ、これはあくまでも名目上であって、権力を手放したわけではありませんでした。

その権力があらわになったのは、一八九四（明治二七）年から九五年にかけての日清戦争のときでした。西太后は、いくら戦局が清朝側に不利になろうが、戦争をやめようとはしませんでした。勝敗がほぼ決した九五年二月に西太后に拝謁したある指揮官は、「皇太后の怒りのすさまじさは顔にも言葉にも表れていた。太后陛下はあらゆる手を尽くして中国軍将兵の士気をふたたび鼓舞せよと命ぜられた。武勲をたてた者には褒賞を授け、臆病者は罰するという軍規を実行せよ、最大限の努力をしてこの窮状を乗り切れと、四十五分にわたり強い調子の諭旨《ゆし》が続いた」と日記に記しています。しかし日本側の講和条件を退けて戦争の継続を主張したのは、朝廷で西太后だけでした（ユン・チアン『西太后秘録』下）。

日清戦争後に光緒帝が急進的な改革を進め、宮廷内が混乱に陥ると、西太后は光緒二四（一八九八）年に「戊戌《ぼじゅつ》の政変」を起こして光緒帝を幽閉し、第三次垂簾聴政を始めます。このときちょうど北京にいた伊藤博文は、妻に宛てた手紙のなかで「〔九月〕二十一日に俄《にわか》に変動ありて皇太后政事をとらる、事になりたり。これは今の皇帝あまり改革ずきにて、万事日本にならひて衣服等も西洋流にあらたむるといふほどの下《し》た仕組のあることが皇太后の耳に入り、大不承知となりたりとの事なり。又一説には皇太后をはいするといふことを企てたものありともいふ。どれがほんとか支那のことは中々わからず」と記していますます（『伊藤博文伝』下）。「下た仕組」というのは、事前の計画という意味です。「支那のことは中々わからず」と妻に本音を漏らす伊藤は、日本ではこんなことは決して起こり得ないと言いたかったのかもしれません。

第三次垂簾聴政は、西太后が光緒三四（一九〇八）年に死去するまで続きました。西太后による垂簾聴政は、同治帝の即位以来、じつに四七年間にわたって断続的に続けられたのです。

西太后が死去したのは、光緒帝が死去した翌日のことでした。そして死の直前、後継者に光緒帝の弟である醇親王載灃《じゅんしんのうさいほう》の子、溥儀《ふぎ》を指名しました。宣統帝として即位した溥儀は当時満二歳で、このときは珍しく父親が摂政になりました。

しかし宣統三（一九一一）年に辛亥《しんがい》革命が起こり、その翌年に宣統帝は退位し、清朝は滅亡しました。これは余談ですが、満二六歳にして「満州国」の執政となり、その二年後に再び皇帝となった溥儀は、若くして母親を失っていたため、一九三五（昭和一〇）年の訪日の際、昭和天皇の生母であった皇太后節子《さだこ》（一八八四〜一九五一）、すなわち貞明皇后に「母」を求めてかなり積極的に近づいていています。それに対し、皇太后も母親然とふるまって応えたものですから、溥儀はすっかり心を許してしまいました。

溥儀の皇太后節子に対する過剰な思い入れと、中国の伝統的な垂簾聴政の歴史を合わせ考えるに、はたして皇帝の側は、権力をふるう「母」のもとで、単に操られていただけだったのだろうかという疑念が浮かんできます。じつは、皇帝の側も「母」を求めていた面があったのではないか。そしてそれは、何も皇帝が幼少のときに限らなかったのではないか。溥儀のふるまいを見るにつけ、そんな気がしてなりません。

閔妃の権力とその死

咸豊帝の側妃にして同治帝の生母だった西太后が中国で権力をもっていた時代、朝鮮では、高宗《コジョン》の王后にして純宗《スンジョン》の生母となる閔妃（明成皇后）が権力を握っていました。

高宗は哲宗一四（一八六三）年、一二歳で即位します。四年間は大王大妃《テワンテビ》に当たる神貞《シンジョン》王后趙氏が垂簾聴政を行いました。このとき、高宗の父親である興宣大院君《フンソンデウォングン》もまた垂簾聴政を補佐するという名目で摂政となり、垂簾聴政が終わるとますます権力を握りました。ところが閔妃は、高宗一〇（一八七三）年に興宣大院君とその腹心の部下を失脚させ、代わって外戚の驪興閔氏《ヨフンミンシ》一族を高官に取り立てます。京畿道《キョンギド》の驪興（現・驪州市《ヨジュ》）を本貫とする閔氏一族が実権を握ったわけです。

これは一九世紀前半に純祖の王后として金祖淳《キムジョスン》の娘が純元《スヌオン》王后となったのを機に、外戚となった安東金氏《アンドンキムシ》が実権を握った勢道政治の再現を意味しました。日本でも平安時代に天皇の外戚となった藤原氏による摂関政治が行われ、藤原詮子や彰子などが天皇の母として権力を握ったことはすでに述べました。とはいえ、当時の最大の権力者は藤原道長や頼通といった男性でした。しかしこのときの朝鮮では、あくまで最大の権力を握っていたのは閔妃自身でした。

ノンフィクション作家の角田房子は、閔氏一族が実権を握っていた時代、遠地に閑居していた興宣大院君の還宮を求める建白書を提出した儒生（儒者）たちに対して高宗が下した処分について、こう述べています。

王〔高宗〕はみずから建白書を読み、閣僚たちに「不孝者呼ばわりをして父子の間を裂く、許しがたい行為」と告げて、時々後ろの屛風《びょうぶ》の方をふり返りながら、儒生たちの処分を命じた。屛風の内には、王の発言を助け導く閔妃が控えている。これが〝高宗親政〟の実体であることを、閣僚たちはすでによく知っていた。（『閔妃暗殺』）

これを読むと、閔妃はあたかも高宗を幼少の国王のごとく見立てた上で、事実上の垂簾聴政を行っていたことがよくわかります。ここでは屏風とありますが、背後の見えないところに閔妃がいて、高宗はいちいち閔妃の指図を受けながら処分を命じるといった政治が行われていたのです。

高宗一一（一八七四）年、閔妃はのちに大韓帝国のラストエンペラーとなる純宗を生んで母親になりました。ただし高宗が在位し続けたため、西太后とは異なり、閔妃が純宗の母として権力を握ることはありませんでした。閔妃は一八八二年の「壬午《イモ》軍乱」で辛くも暗殺を免れたのに続き、一八八四年の「甲申《カプシン》政変」でもすぐに権力を取り戻すなど、いくたびもの危機を乗り越え、大院君との確執を抱えながら、権力を握り続けました。しかし一八九五年の「乙未《ウルミ》事変」で、ついに暗殺されました。

久米邦武の認識

明治四（一八七一）年から一八七三（明治六）年にかけて、岩倉使節団がアメリカとヨーロッパを訪れました。このとき使節団に随行し、『米欧回覧実記』全百巻（五編五冊）を編修したのが、太政官少書記官の久米邦武でした。久米は第十三巻で、アメリカで「最モ奇怪ヲ覚ヘタルハ、男女ノ交際ナリ」として、レディファーストの慣習を具体的に紹介した上で、こう述べています。

是《これ》大抵西洋一般ノ風ナレトモ、米英殊ニ甚シ、英ハ女王ヲ立ル国ナルニヨリ、此風ヲ増長シ、米ハ共和政治ナルニヨリ、男女同権ノ論ヲ滋蔓《じまん》セル所ナリ（中略）、近年米国ニテハ、婦人ニ参政ノ権アルヘキコトヲ論シ、或ル州ニテハ已《すで》ニ公許《こうきょ》セリトモ云、華盛頓府ニ住ス一女医ハ、高帽穿袴《せんこ》、男子ノ服ヲ着テ徘徊《はいかい》ス、心アル婦人ハミナ擯斥《ひんせき》ス、之ヲ要スルニ、男女ノ義務ハ、自《おのずか》ラ別アリ、国ノ防扞《ぼうかん》保護ノ責ニ任スヘカラサルモ、亦明ラカナリ、東洋ノ教ヘ、婦人ハ内ヲ治メ外ヲ務メス、男女ノ辨別《べんべつ》ハ、自ラ条理アリ、識者慎思《しんし》ヲナサヽルヘカラス

（『特命全権大使　米欧回覧実記』二）

引用文中の「華盛頓府」はワシントンのことです。久米は、ワシントンに住んでいる女医がシルクハットを被りズボンを履き、男子の風をして歩き回り、心ある婦人の顰蹙《ひんしゅく》を買ったことを例として挙げながら、男女の果たすべき役割はおのずから異なるとし、女性が国家防衛の仕事の責任を負えないのははっきりしていると述べています。そして東洋の教えでは、女性は内を治めて外の仕事はしないとし、男女の区別には自然の摂理があると

した上で、識者はこのことを慎重に考慮しなくてはならないと結んでいるのです。

このとき、久米の念頭にあったのは、西洋対東洋という対立の図式でした。男女同権や女性の政治参加が論じられる西洋に対して、日本を含む東洋では、女性は家にこもり、政治はもっぱら男性がすべきだとされている。この「条理」に根差した男女の区別を無視してはならないというわけです。こうした久米の東洋観が、第一章の冒頭で触れた儒教に根差したものであるのは明らかでしょう。

そうすると、同時代の中国や朝鮮における西太后や閔妃の政治は、久米にとってはどうとらえられるのでしょうか。ここでもう一度、第一章で触れた久米の論文「神功皇后と漢の呂后」に触れる必要が出てきます。

この論文で久米は、中国や朝鮮で女性が権力を握っているのは衰運の極みのようにも見えるが、なおよく思えば社会家族の真相はいつもこのようなものだと言ってよいと述べるとともに、その理由をこう述べています。


其主の幼少なるに当りて母氏に聴て事を裁決するは、其式の如何《いか》なるに拘《かか》はらず、家を保ち国を保つに於て家族自然の情理にして、怪しむに足らざる事なり。既に情理の然るべしとすれば、一歩を進めて其主の幼少ならざるとも、家事をば母や妻と謀《はか》りて処置するも亦怪しむに足らざる事なり。然れば朝鮮の王妃が簾中《れんちゅう》にありて常に国王の政《まつりごと》を賛襄《さんじょう》し、閔族の勢は陽に陰に国を撼動《かんどう》する力ありといふを怪しまず。

（前掲「神功皇后と漢の呂后」）

久米は、「家族自然の情理」という言葉を使いながら、『米欧回覧実記』で強調した男女の区別よりも、家族が共同で家事に当たるほうを重視する議論を展開しています。「条理」よりも「情理」を優先させたわけです。こうして久米は、東洋にも西洋とは異なる原理により、女性が権力をもつ場合があるとしたのです。

では、同時代の日本はどうとらえられるのでしょうか。久米によれば、中国や朝鮮の政治が「不体裁」に見えるのは、日本が「既に家族政治を革新し、政府と帝室と分離したる中」から隣国を見ているからでした。かつては日本も中国や朝鮮と同様、家族政治が行われており、天皇の母や妃が政治に介入することもあったが、明治維新以降に近代化を進めて内閣制度を創設し、宮内大臣を内閣に属さないようにして「宮中・府中の別」（宮中と政府の区別）を図った以上、それはもはやあり得ないと考えているわけです。

ここには、進歩史観に立ちながら中国や朝鮮を遅れた国と見なすという、『米欧回覧実記』のときにはなかった眼差しが感じられます。西太后や閔妃の政治に理解を示しているように見えながら、それは日本では過去のことと見なすことで、結果的に明治日本における男性の権力を正当化しているわけです。久米に言わせれば、明治以降の天皇制は「中国化」を進めつつ「脱中国化」を図ったということになるのかもしれません。

日露戦争における皇后美子の振る舞い

もし明治以降の日本で天皇と皇后の役割分担がしっかりと定められた上、久米邦武が考えたように「宮中・府中の別」が完全に確立されたならば、皇后が政治に介入する余地はまったくなかったに違いありません。政治学者の坂本一登《かずと》も、「皇后は、天皇と異なり、学問好きであり、当然皇后なりの政治的見解を所持していたと推察されるが、皇后が政策要求をしたり、現実政治に介入した形跡はない。むしろ明治四年の『宮中』改革以後、後宮と政治との一線を画する原則を意識的に保持したように見える。また、後宮に出仕する多数の女官を大きな紛議なく、すなわち政治化させずに支配した点も、その困難さを思う時、見逃すことはできない」と述べています（『伊藤博文と明治国家形成』）。

天皇は軍事指導者であり、陸海軍を統帥《とうすい》するのに対して、皇后は病院を慰問するなど、「銃後の守り」に徹するとされたのも、明治以降につくられた天皇と皇后の役割分担の一つでした。確かに日清戦争のときには、一八九五（明治二八）年二月に東京陸軍予備病院を、三月に広島陸軍予備病院や呉鎮守府《くれちんじゅふ》病院を訪れるなど、天皇の後ろに控えて戦傷病者の慰問に徹しています（前掲『昭憲皇太后実録』上）。前述した同時代の西太后とはまさに対照的だったわけです。しかし日露戦争のときには、必ずしもそうではありませんでした。

一九〇四（明治三七）年二月四日、御前会議で対露開戦が決定しました。その日の夜と六日の二回にわたり、枢密院議長の伊藤博文は対米工作のため、セオドア・ルーズヴェルト大統領と面識のあった金子堅太郎《けんたろう》に訪米するよう要請しました。金子はこれを受け入れ、一三日に葉山《はやま》の別邸にいる家族に別れを告げに向かったところ、翌一四日、葉山御用邸に滞在していた皇后美子が突然金子の別邸を訪れました。「昭憲皇太后実録」同日条には、こうあります。

午前十時三十分御出門にて海岸を御運動の後、男爵金子堅太郎別邸に成らせられ、堅太郎夫妻及び其の母に謁《えつ》を賜ひ、正午頃還御したまふ。尚還御の後、堅太郎御礼の為参邸せるにより、堅太郎に袴地《はかまじ》一反を、妻に紋御召一反を下賜《かし》あらせられ、又母及び子女にも夫々《それぞれ》物を賜ふ。（前掲『昭憲皇太后実録』下）

このとき、皇后美子は金子に「その用務がなんであるかは承知していない、だが、よほど重要な任務なのだろう、どうか国家のために努力してほしいと告げるために訪ねたのだ」と言ったといいます。歴史学者の片野真佐子は、皇后は伊藤の差し金で金子に会ったのであり、金子に課せられた使命を熟知していたと推測しています（『皇后の近代』）。

周知のように、日露戦争が最終的にアメリカの仲介により日本の勝利に終わったことを踏まえれば、金子の果たした役割はまことに大きなものがありました。そうだとすれば、開戦の決定直後に金子のもとをわざわざ訪れ、直接激励した皇后の役割もまた小さくはなかったのではないでしょうか。

日露戦争が始まると、皇后は病院を訪れて戦傷者を慰問したばかりか、天皇とともに戦地から帰還した軍人や参謀本部の関係者に会い、戦況を聴取しています。前掲『昭憲皇太后実録』下によれば、皇后は一九〇四（明治三七）年から〇五年にかけて、陸軍大将の伏見宮貞愛《ふしみのみやさだなる》親王や長谷川好道《よしみち》や西寛二郎や川村景明、陸軍中将の閑院宮載仁《かんいんのみやことひと》親王、陸軍少将の原口兼濟《けんさい》、陸軍騎兵少尉の北白川宮恒久王《きたしらかわのみやつねひさおう》、満洲軍総参謀長の児玉源太郎、連合艦隊司令長官海軍大将の東郷平八郎、第三艦隊司令長官海軍中将の片岡七郎、海軍中佐の有馬良橘《ありまりょうきつ》、海軍少佐の山階宮菊麿王《やましなのみやきくまろおう》、陸軍参謀本部次長長岡外史《がいし》、海軍軍令部長伊集院五郎らに、宮殿の御内儀謁見所で会っていたことが確認できます。その回数は、のちに触れる日中戦争や太平洋戦争の時期における皇太后節子（貞明皇后）に比べれば決して多くはありませんでしたが、戦地から帰還した軍人には必ず銀の煙草《たばこ》箱や銀盃《ぎんぱい》、あるいは「万那料《まなりょう》」と呼ばれる御祝儀などを与えています。

なかには閑院宮載仁親王に会ったときのように、体調を崩していた天皇の代わりに会う場合もありました。皇后は天皇と軍事的な情報をある程度共有していたばかりか、天皇に相当する役割を果たすこともあったわけです。それだけこの戦争の重要性をよくわかっていたということかもしれません。

明治から大正へ

日露戦争は日本の勝利に終わったものの、ロシアから賠償金をとれなかったことに激昂《げきこう》した群衆は「日比谷焼き打ち事件」を起こしました。彼らは首相だった桂太郎の私邸や首相官邸ばかりか、桂の愛妾《あいしょう》だった芸妓の「お鯉」こと安藤てる（照）の家をも襲いました。それほどまでに桂とお鯉の関係はよく知られていたわけです。首相官邸には「お鯉の間」までつくられましたが、お鯉が権力をふるうことはありませんでした（松本清張『対談　昭和史発掘』）。

当時、桂は五〇代で伯爵でした。五〇代の華族の男性が妾をもつことは珍しくなく、社会で広く容認されていました（森岡清美『華族社会の「家」戦略』）。つまり天皇家も華族も、一夫一婦多妾制が保たれていたわけです。

日露戦争のあと、皇后美子は毎年一月から四月にかけて、東京を離れ、単独で静岡県の沼津御用邸に滞在するようになります（前掲『昭憲皇太后実録』下）。宿泊のために御用邸を一度も利用することがなかった明治天皇とは対照的な行動をとるようになるわけです。日本の運命を決する戦争が勝利に終わったことで、自分の政治的役割はもはや終わったと考えたのかもしれません。

一九一二（明治四五）年七月一九日、天皇が突然体調を崩しました。七月二六日、侍従長の徳大寺実則《とくだいじさねつね》が皇后に会っています。

実則、天皇の御不予《ふよ》久しきに亘り、皇太子嘉仁《よしひと》親王の国政を視たまふに至る時は、皇后の〔伏見宮〕貞愛《さだなる》親王と倶《とも》に之を輔翼《ほよく》あらせられんこと、而して機を得て此の旨を天皇に奏請あらせられんことを言上す。因《ちなみ》に右言上は実則の予《あらかじ》め内閣総理大臣侯爵西園寺公望《さいおんじきんもち》及び枢密院議長公爵山県有朋と相謀りて其の同意を得たるものなり。（同）

この当時は、立憲政友会総裁の西園寺公望を首相とする第一次西園寺内閣の時代でした。もし明治天皇の「御不予」、すなわち病気が長引き、皇太子が天皇の代行をしなければならなくなった場合、皇后が伏見宮貞愛親王とともに皇太子嘉仁《よしひと》（のちの大正天皇。一八七九〜一九二六）を補佐することを天皇に要請したい。すでに西園寺と山県の同意も得ている――徳大寺は皇后にこう言ったというのです。

政治的に未熟な皇太子に天皇の代行を任せるのはあまりに不安が大きく、日露戦争のときの皇后美子の行動を高く評価していた西園寺と山県が、皇后に皇太子の後見役になってもらうことを発案したのでしょう。この二人は、一方は政党の総裁、他方は藩閥や官僚の総帥《そうすい》でしたから、政治的には対立していましたが、皇太子に強い不安を抱いていた点では共通していたわけです。

ところが事態は急展開します。明治天皇は七月二九日の深夜に亡くなり（発表された死亡時刻は七月三〇日午前零時四三分）、皇太子嘉仁が天皇になったからです。同時に皇太子妃の節子は皇后（貞明皇后）に、皇后美子は皇太后になりました。新天皇に対して「御政事向の事に付十分に申上げ置く事必要なり」と判断した西園寺は、七月三〇日の夜に山県有朋とともに天皇を訪問しました（原奎一郎《けいいちろう》編『原敬日記』第四巻）。

このとき、西園寺は明治天皇を継ぐべき新天皇の態度につき、「十分に苦言をも申上げた」のに対して、天皇は「十分注意すべし」と答えました（同）。ところが翌三一日に行われた「朝見《ちょうけん》の儀」における新天皇の態度を聞いた海軍次官の財部彪《たからべたけし》は、日記にこう記しています。

朝見ノ節ノ天皇陛下ノ落附《おちつ》カセラレザル御体度（態度）ハ目下御悲痛ノ場合左ル事ト申シナガラ、昨日来ノ御体度ニ就テハ、涙傍佗《ぼうだ》（滂沱）タリシ老臣（米田《こめだ》〔虎雄《とらお》〕侍従ノ如キ）モアリタリト云フ。（『財部彪日記』下）

明治天皇とは対照的な新天皇の落ち着きのなさは、明治をよく知る人にとっては「涙傍佗」たる有様だったわけです。

明治天皇の遺訓を守った皇太后美子

一方、皇太后美子は、西園寺や山県とは異なり、自分のような天皇の「母」ではなく、あくまでも首相自身が天皇を補佐すべきだと考えていました。八月一三日、内務大臣の原敬は「西園寺首相の言によれば、皇太后陛下より首相に対し、陛下は未だ政治に御経験もなき事に付十分に輔佐せよとの宣旨ありたりと云ふ」と記しています(前掲『原敬日記』第三巻)。

第二次西園寺内閣は、陸軍の二個師団増設問題をめぐって陸軍と衝突し、一二月五日に総辞職します。侍従長の桂太郎は天皇の意向(これを「優諚《ゆうじょう》」といいます)があり、それを無視できなかったとして、一二月二一日に第三次桂内閣を成立させました。自らの権力欲を満たすために政治的に未熟な天皇を利用したかのような桂の動きが「宮中・府中の別」を乱すものとして非難を浴び、第一次憲政擁護運動が起こったことはよく知られています。

桂に対しては、当然西園寺や原敬も反発しました。それは同時に、明治天皇とは異なり、政治的に未熟な大正天皇に対する不安が早くも的中したことを意味していました。天皇が桂をはじめとする新内閣の閣僚や西園寺に会った一二月二一日の皇太后の動きを、『昭憲《しょうけん》皇太后実録』同日条から探ってみましょう。

是の日、内閣の更迭《こうてつ》ありたるにより、新任の内閣総理大臣兼外務大臣公爵桂太郎・内務大臣子爵大浦兼武《かねたけ》・逓信《ていしん》大臣兼鉄道院総裁男爵後藤新平・陸軍大臣男爵木越安綱《きごしやすつな》・文部大臣柴田家門《かもん》・大蔵大臣若槻礼次郎《わかつきれいじろう》・司法大臣松室致《まつむろいたす》・農商務大臣仲小路廉《なかしょうじれん》及び留任の海軍大臣男爵斎藤実《まこと》並に元総理大臣侯爵西園寺公望に謁を賜ふ。

(前掲『昭憲皇太后実録』下)

皇太后は、天皇に会ったばかりの桂内閣の閣僚や西園寺に会っていたわけです。その背後に、西園寺や山県をはじめとする、天皇に対する不安を共有していた政府関係者がいたことは想像に難くありません。ところが翌一二月二二日の原敬の日記には、『昭憲皇太后実録』に収められていない皇太后の発言が記録されています。

今回の更迭に付其《その》事情を詳細に皇后、皇太后両陛下に奏上のこと桂も異議なしと云ふに付、近日言上の筈《はず》なりと西園寺云ふ、又皇太后陛下の御事に関し西園寺の内話によれば、先般先帝崩御の節《せつ》山県西園寺等協議の末皇太后陛下より篤《とく》と新帝に御話下さるゝ様申上度積《もうしあげたきつもり》にて徳大寺〔実則〕侍従長より其事を言上せしに、皇太后陛下には夫《そ》れは政事向のことの様に思はるゝが之を避けたし、先帝の御戒に女は政事に容喙《ようかい》すべきものに非ずとあり、之を守りたし、併し其已外《それいがい》の事ならば何にても気の付きたることは申出よ新帝に申上ぐべしとの御沙汰なり、古《いにしえ》の賢婦人など云ふことは実に此《か》くの如き御方のことを申すならんと云へり、恐多き次第なり。（前掲『原敬日記』第三巻）

明治天皇の重態とともに浮上した、皇太后美子に大正天皇を後見してもらうという西園寺と山県の発案に対して、皇太后は「女は政事に容喙すべきものに非ず」という明治天皇の遺訓を持ち出して断ったというのです。政治に関わらなければ何でも天皇に伝えるが、政治に関わるつもりは一切ないとしたわけです。

ここには、明治天皇の女性観と、それをかたくなに守ろうとする皇太后美子の女性観の双方を確認できます。政治学者の関口すみ子が指摘するように、皇太后は中国の代表的な女訓書である『女四書』の『内訓』を愛読していましたが（前掲『御一新とジェンダー』）、婦人は「君に事《つか》ふる者」として「賢」であるべきだとする同書の教えを、自ら実践したわけです。

皇太后の言葉を聞いた西園寺は、「古の賢婦人など云ふことは実に此くの如き御方のことを申すならん」と感嘆しています。フランスに一〇年間留学し、中江兆民に近い急進的な思想をもっていたはずの西園寺ですら、自らの考えをあっさりと翻し、皇太后を「古の賢婦人」として持ち上げたわけです。このときに示した皇太后の態度が、昭和初期に元老として権力を握ったときの西園寺の、皇太后節子（貞明皇后）に対する否定的な見方にも影響を与えていたように思われるのです。

西園寺が「近日言上の筈なり」と言ったにもかかわらず、桂が皇太后に会って更迭の事情を話すことはありませんでした。皇太后が桂内閣の閣僚と会ったのは一回だけで、一九一三（大正二）年一月一二日からはまた沼津御用邸に出掛け、七月二一日まで帰京しなかったからです。そこには「未熟」とされた大正天皇の政治的成長を願う、嫡母なりの思いがあったのかもしれません。

つくられていく昭憲皇太后の良妻賢母像

一九一四（大正三）年四月九日（公式には一一日）に皇太后美子が死去し、五月二四日に斂葬《れんそう》の儀が行われ、宮内大臣波多野敬直《はたのよしなお》が誄詞《るいし》を読みました。誄詞とは、故人の功績を称える言葉です。

陰政《いんせい》を燮理《しょうり》して以て聖徳を輔成《ほせい》し、文芸美術博愛慈善の事業は総て皇太后の庇護を蒙《こうむ》らざる者なし。深仁厚沢《しんじんこうたく》内助の功、洵《まこと》に尠《すくな》からず。先帝に奉侍《ほうじ》せらるること貞淑温順なるは、以て婦道の亀鑑《きかん》となすべく、皇子女を撫育《ぶいく》せらるること恭謹慈愛なるは、以て母儀の典型となすべし。（前掲『昭憲皇太后実録』下。濁点・句読点を補った）

「陰政を燮理」とは、陰でもって天皇を支えたということ、「聖徳を輔成」とは、天皇の徳を助けるということです。要するに、そのあとに出てくる「内助の功」と同じ意味です。「先帝に奉侍せられること貞淑温順」、つまり天皇をひたすら立てて貞淑で従順な妻の態度を貫いたことは婦人の鑑《かがみ》であり、また子どもたちを育てたことをもってして、母のモデルでもあったと称賛しています。これは言外に、中国の西太后や朝鮮の閔妃とは異なり、儒教道徳に忠実で模範的な「妻」であり「母」であったというニュアンスが込められているように思います。

当時、明治天皇を祭神とする神社を代々木に建設することが決まっていました。現在の明治神宮です。皇太后は死後、昭憲皇太后の名を贈られ、明治天皇と合祀されることが決まります。これは、明治天皇とともに明治神宮の祭神になることを意味していました。二人は天皇と皇后の役割を理想的に体現した「一対の夫婦」として称えられることになります。明治神宮が創建されたのは、一九二〇（大正九）年一一月のことでした。

もう一組の理想の夫婦として称えられることになったのが、明治天皇の死去に殉《じゅん》じて自刃《じじん》を遂げた乃木希典《まれすけ》・静子夫妻です。静子もまた、「常に将軍の意を体し、忠孝・質素・仁愛の志厚く、内助の功を尽くされ、妻として良夫に殉じられた」（『乃木神社由緒記』）として称えられました。一九一九（大正八）年には旧乃木邸に隣接して乃木夫妻を祭神とする乃木神社を創建する許可が下り、明治神宮創建のあとに造営事業がおこされ、一九二三（大正一二）年に鎮座祭が挙行されました。

なお乃木は、自刃する三日前、皇太子となった裕仁《ひろひと》親王（のちの昭和天皇。一九〇一～八九）に山鹿素行の『中朝事実』を献上しています。第四章で触れたように、『中朝事実』

では皇后を正しく立てないと垂簾聴政が行われると警告していました。乃木には、皇后となった節子に対する一抹の不安があったように思われます（原武史『皇后考』）。

明治神宮と乃木神社――大正後期の東京にこの二つの神社がつくられたということは、この時代の女性観をよく示していると言えます。昭憲皇太后は軍事に少なからず興味をもち、日露戦争のときに政治的役割を果たしていたことは明らかですが、死後に定式化されたイメージにはその面影はありません。むろん昭憲皇太后自身も明治天皇の死後、その遺訓を積極的に守り、貞淑な未亡人の姿を進んで実践した側面はあるでしょう。

夫に尽くし、子を慈しみ育てるという良妻賢母のイメージは、当時の女子教育で強調された女性像でもありました。ただ、続く大正、昭和の皇室でも、昭憲皇太后の良妻賢母像が忠実に踏襲されていくかと言えば、そうはならなかったのです。そのきっかけとなったのは、大正天皇の病気でした。

大正天皇の病気と貞明皇后

前述のように、明治時代にはまだ皇室でも一夫一婦多妾制が保たれ、大正天皇も側室から生まれました。皇室で一夫一婦制が確立されたのは、大正天皇からです。それは同時に、皇后節子の存在感を高めることにつながったばかりか、大正天皇の病気をきっかけとして、皇后が「祈る」主体としていっそう浮上することをも意味しました。

大正天皇は、天皇になるや明治天皇とは異なるスタイルを築こうとしました。しかし自らの意に反して、明治天皇と同様の態度を強いられることも多かったせいか、天皇は再び体調を崩し、葉山や日光田母沢《たもざわ》の御用邸での長期滞在が復活します。しかしそれでも、天皇の体調が元に戻ることはありませんでした。一九一九（大正八）年には、首相の原敬が初めて天皇の病気につき、「御脳の方に何か御病気あるに非らずやと云ふ事」を知り、愕然《がくぜん》としています（前掲『原敬日記』第五巻）。

結局、天皇は一九二一（大正一〇）年一一月二五日、旧皇室典範第十九条「天皇久《ひさし》キニ亘《わた》ルノ故障ニ由《よ》リ大政ヲ親《みずか》ラスルコト能《あた》ハサルトキハ皇族会議及枢密顧問ノ議ヲ経テ摂政ヲ置ク」の規定により引退し、同第二十条「摂政ハ成年ニ達シタル皇太子又ハ皇太孫之《これ》ニ任ス」により、皇太子裕仁が摂政となります。日本の歴史のなかでは珍しく、「息子」が「父」に代わって権力を握ったわけです。しかし注意すべきは、皇太子裕仁の母に当たる皇后節子（貞明皇后）が引き続き皇后の座にとどまっていることです。

皇后は、一九二一年三月からの皇太子の訪欧に反対していました。皇太子は同年九月に帰国すると、ライフスタイルをすっかり西洋風に改めてしまいます。洋館に住み、椅子にテーブルの生活を始めたわけです。そして摂政になると、女官制度の改革に乗り出します。一夫一婦制が確立されたイギリスの王室に深く印象を受けた皇太子は、側室制度の残《ざん》滓《し》である後宮をなくそうとしたのです。

皇后節子は二二（大正一一）年三月、神功皇后を祀る福岡県の香椎宮に参拝して大正天皇の病気回復を祈っています。節子にとって、三韓征伐を行ったとされる神功皇后は、光明皇后とともにモデルとするべき皇后だったのです。そもそも皇后が単独で九州を訪れること自体、神功皇后以来と言われました。香椎宮で節子は、神功皇后の霊と一体になったことを和歌に詠んでいます（前掲『皇后考』）。

その一方で皇后節子は、摂政、すなわち事実上の天皇になったにもかかわらず、西洋風のライフスタイルを変えず、女官制度に手をつけようとする皇太子裕仁の態度に不満を募らせてゆきました。皇后に言わせれば、西洋風の生活に慣れて正座をしなくなれば祭祀ができなくなる上、住み込みの女官は宮中祭祀を維持するため必要なのに、それを改革するというのも祭祀を軽視しているように映ったのです。祭祀をめぐる母子、すなわち貞明皇后と昭和天皇の確執は、このときから始まり、敗戦までずっと続くことになります。

皇太子裕仁と新嘗祭

一九二二（大正一一）年一一月二三日には、皇太子裕仁が摂政になって初めて行うべき新嘗祭が控えていました。皇太子は四国での陸軍特別大演習と地方視察に重なるために、新嘗祭を自ら行わないことを決めますが、これが皇后節子の怒りを買うことになるのです。

新嘗祭の二カ月前に当たる二二年九月二二日、当時宮内大臣だった牧野伸顕《のぶあき》は皇后に、皇太子が新嘗祭を行わないことを伝えます。その際、皇后は次のように苦言を呈したと牧野の日記に記されています。

> 殿下には御正坐《せいざ》御出来ならざるに付御親祭は事実不可能なり、今後は是非御練習の上正坐に御堪へ相成様《あいなるよう》致度《いたしたく》、昨年来殊《こと》に此種の御務め事に御怠慢の御様子あり、今後は何とか自発的に御心懸け相成る様致度《いたした》し、夫れも御形式になく御心より御務めなさるゝ様御自覚被為度《なされたく》望み居る旨御仰せあり。
>
> （伊藤隆ほか編『牧野伸顕日記』）

皇太子は正座ができなくなっているから、夕の儀、暁の儀と、二時間の祭祀を二回行い、合わせて四時間も正座しなければならない新嘗祭は事実上できないだろう。だから今後は練習をして正座をできるようになるばかりか、「御心より御務めなさる、様」、つまり心から神に向かって祈ることができるようになってほしいと、かなり厳しい注文をしています。

皇后にとって、皇太子が新嘗祭を行わなかったことは重大な問題でした。当時、皇太子は久邇宮良子《くにのみやながこ》（のちの香淳皇后。一九〇三～二〇〇〇）との結婚を控えていましたが、皇后は、皇太子が新嘗祭を行わない限り、結婚は認めないと言い出します。相当厳しいハードルを課したわけです。

『昭和天皇実録』第三によると、皇太子は結婚の半年前に当たる一九二三（大正一二）年五月から「新嘗祭の習礼」、つまり正座を含む新嘗祭の練習を始めていることがわかります。そしてなんとかこの年の新嘗祭をやり遂げ、無事結婚に至るのです。

神功皇后を天皇として認めるべきか否か

一九二三年は、九月に関東大震災が起こった年でもありました。皇后節子は震災を「神のいさめ」とする和歌を詠む一方、宮内省巡回救療班をつくらせ、被災者の救護に当たらせるなど、天皇に代わる存在感を見せつけました。

皇后はこの翌年の二月から五月にかけて、東京帝国大学教授で法学者の筧《かけい》克彦から「神《かん》ながらの道」、いわゆる古神道について一〇回にわたり講義を受けています（「貞明皇后実録」大正十三年二月二十六日条）。また、筧が考案した「神あそび皇国運動《やまとばたらき》」と称する奇妙な体操も自ら行い、まわりにも勧めています。

筧の講義は、『神ながらの道』にまとめられています。同書で筧は、「日本に於ては、男であるから貴いとか女であるから貴いと申すことはなく、両者間に優劣はございませぬ」として、日本にはもともと男尊女卑という考えはなかったことを強調するとともに、神功皇后を高く評価し、「直覚的に信仰心を有し給ひ、特に御油断なき御修養により正しき御信仰に深くいらせられ、従つて御決心固く実行力に富み給ひしこと」（圏点原文）を「神功皇后様の卓越し給ひしこと」としています。

こうした講義が皇后節子の心をつかみ、神功皇后に対する並々ならぬ思い入れにつながったのではないでしょうか。一九二四（大正一三）年四月九日、皇后は牧野伸顕に「進講は実に有益にして予期以上の興味あり、裨益《ひえき》する処多大なり、殊に女子には尤《もっと》も為になる様感ぜり云々」と述べています（前掲『牧野伸顕日記』）。

ただし皇后は、当時の女性が「女子の分担」を忘れ、参政権の獲得を目指して運動することに対してはきわめて批判的でした。それは「女子尽さずして男子に要求は無理と申すもの　天地を転倒したるものと存じ候　唯々此大正の御代の一部婦人の行動の如何は　われ自らの不徳と存ぜられ常に神前にて戒め給へ悟らしめ給へと祈られ申候」（筧素彦『今上陛下と母宮貞明皇后』）という皇后の「御文」を見ても明らかでしょう。

筧の講義が皇后の心をとらえたのと同じころ、神功皇后を天皇として認めるべきか否かという、明治初期以来ずっと持ち越されてきた問題につき、政府が最終的な決着を図ろうとしていました。

一九二四年三月から、帝室制度審議会の調査機関として宮内省に臨時御歴代史実考査委員会が設置されます。この委員会の主な議題は三つあり、その第一が「神功皇后ヲ皇代ニ列スヘキヤ否」、つまり、神功皇后を歴代天皇として認めるべきか否かという問題でした。ちなみに第二の議題は、南朝の長慶《ちょうけい》天皇を歴代天皇として認めるべきかという問題で、第三は、宣仁門院《せんにんもんいん》（四条天皇の女御）、中和門院《ちゅうわもんいん》（後陽成天皇の女御、後水尾天皇の生母）、明子女王（後西《ごさい》天皇の女御）という三人の女御を皇后と同一に扱うべきかという問題でした。

最終的に、神功皇后は「皇代ニ列セラルヘキニ非ス」、すなわち第一五代天皇とは認めないと決定され、それに対して長慶天皇は第九八代天皇として認められるという対照的な結果に終わります。また、鎌倉時代から江戸時代にかけての三人の女御は、皇后としない、つまり正室とは見なさないことも決定しました。

神功皇后を歴代天皇から外す決定が具体的にいつ下されたのかは公表されませんでしたが、一九二六（大正一五）年一〇月二〇日の枢密院会議で最終的に歴代天皇が確定しました。そして翌二一日、その旨が皇后に伝えられました（「貞明皇后実録」同日条）。

喪に服す貞明皇后

一九二六年一二月二五日、大正天皇は長い闘病生活の末、葉山御用邸附属邸で死去しました。この日から昭和が始まり、節子は皇后から皇太后になります。今回は明治から大正に改元されたときとは異なり、皇太子が五年あまりにわたって摂政の座にありましたから、新天皇の天皇としての能力を疑う政府関係者はいませんでした。

しかし節子は、一九五一（昭和二六）年五月に死去するまで二五年弱にわたり、皇太后の座にありました。皇太后だった期間は、昭憲皇太后が二年弱、香淳皇后が一一年あまりですから、神功皇后の七〇年弱には及ばないにせよ、節子は近現代で最も長い期間、皇太后の座にあったことになります。

では、皇太后節子はどのような生活を送っていたのでしょうか。

皇太后は一年の喪が明けても、黒か紫の喪服しか着用しませんでした。そして自分の住まいに皇后時代から仕えてきた女官たちを引き連れて暮らしていました。最初は青山東御所でしたが、一九三〇（昭和五）年に新しく建てられた大宮御所に移ります。大宮御所は、現在の東宮御所があるところです。

女官の定員は六九人と数が多く、しかもその女官たちは細かい階級に分かれ、基本的に全員住み込みで、源氏名をもち、一生独身の生活を守り続けていました。一方、昭和天皇は後宮を廃止し、女官制度の近代化を行いました。新しい皇后の良子《ながこ》についた女官の定員は一四人と少なく、女官長のほかには女官と女嬬しか階級がなく、通勤制で源氏名もなく、結婚もできました。それに比べ、皇太后の周辺には御所言葉も残っており、旧態依然としていたのです。

女官たちに囲まれ、皇太后は大宮御所で次のような日々を送っていたと秩父宮《ちちぶのみや》は回想しています。

近年の日常御生活の主体は、大正天皇の御影（大和絵の御肖像）にお仕えになることの一事であった。午前中の大部分は、御影を祭った室にすごされるので、特別の場合の外はこの時間には絶対に人にはお会いにならないのである。また夕方にも、その一時を御影の前にすごされるのであった。
（秩父宮雍仁《やすひと》親王「亡き母上を偲《しの》ぶ」）

大宮御所には、皇太后宮大夫《こうたいごうぐうだいぶ》の入江為守《いりえためもり》が描いた大正天皇の肖像が掲げられた「御影殿」という部屋がつくられました。皇太后は毎日、午前中と夕方にその部屋にこもり、人には会わなかったといいます。こうしたエピソードを踏まえると、皇太后節子は先代の皇太后同様、政治の表舞台から完全に引退したように見えなくもありません。

しかし実際には、昭和天皇の祭祀に対する姿勢について、皇太后は依然として満足していませんでした。元老の西園寺公望は、そうした皇太后の思いが、昭和天皇との溝を一層深めるのではないかと危惧していました。枢密院議長の倉富勇三郎《くらとみゆうざぶろう》が記した一九二八（昭和三）年一〇月二〇日の日記には、西園寺が「皇太后陛下敬神ノ念熱烈ニテ、天皇陛下ノ御体〔態〕度ニ御満足アラセラレズ」「皇太后陛下ハ右ノ如キ形式的ノ敬神ニテハ不可ナリ、真実神ヲ敬セザレバ必ズ神罰アルベシト云ハレ居リ」「此コトガ度々加フレバ、其ノ為御母子間ノ御親和ニ影響スルヤモ計リ難ク、夫レ等ノ点ニ付テハ十分ニ注意スベキコト、思フ」などと語ったと綴られています（「倉富勇三郎日記」）。大正改元の際、「女は政事に容喙すべきものに非ず」という明治天皇の遺訓を守った昭憲皇太后を「古の賢婦人」と称えた西園寺は、それとはまるで異なる皇太后節子の態度に強い不安を覚えたのかもしれません。

二・二六事件と広田内閣の成立

西園寺の不安は、一九三六（昭和一一）年になって的中します。そのきっかけとなったのは、同年二月に起こった二・二六事件でした。陸軍内部の皇道派と統制派の対立がついに爆発し、皇道派の影響をうけた青年将校が下士官兵を率いてクーデタを起こしたのです。

この前年に皇道派の相沢三郎が統制派の中心人物であった永田鉄山《てつざん》を斬殺したときから、皇太后節子は皇道派の「信念」を高く評価していましたが、二・二六事件でもその態度は変わりませんでした。事件の翌日、首謀者の一人である皇道派の安藤輝三《てるぞう》と同じ東京の歩兵第三連隊にかつて属し、親交を重ねた秩父宮が赴任先の歩兵第三一連隊のある青森県弘前《ひろさき》から上京してくると、皇太后は大宮御所で秩父宮に会っています。

ところが昭和天皇が激怒して速やかな鎮圧を命じたため、反乱は三日後に鎮圧されました。しかし鎮圧後も秩父宮は東京にとどまり、三月一日、四日と、皇太后に会っています（「貞明皇后実録」昭和一一年三月一日条および三月四日条）。このとき、皇太后は「秩父宮を召され、反乱軍の親達の身にもなって、余り極端な措置をせぬようにとのご希望を述べられ」たといいます（山川一郎『拝命』）。しかし昭和天皇の腹は決まっていました。三月一日、天皇は侍従武官長の本庄繁《ほんじょうしげる》に「軍法会議ノ構成モ定マリタルコトナルガ、相沢中佐ニ対スル裁判ノ如ク、優柔ノ態度ハ、却テ累ヲ多クス、此度ノ軍法会議ノ裁判長、及ビ判士ニハ、正シク強キ将校ヲ任ズルヲ要ス」と述べていたからです（『本庄日記』）。

三月八日、秩父宮は弘前に向けて東京を発ちます。そして九日には、二・二六事件で蔵相を失った岡田啓介《けいすけ》内閣に代わり、広田弘毅《こうき》内閣が成立します。『昭和天皇実録』第七の同日条には、「午後八時五分、鳳凰《ほうおう》ノ間において親任式を行われ、外務大臣広田弘毅を内閣総理大臣兼外務大臣に任じられる。九時、国務大臣の親任式を行われ、潮恵之輔《うしおしげのすけ》を内務大臣兼文部大臣に、馬場鍈一《えいいち》を大蔵大臣に、陸軍大将寺内寿一《ひさいち》を陸軍大臣に、海軍大将永野修身《ながのおさみ》を海軍大臣に、判事林頼三郎《らいざぶろう》を司法大臣に、島田俊雄を農林大臣に、文部大臣川崎卓吉《たくきち》を商工大臣に、頼母木桂吉《たのもぎけいきち》を逓信大臣に、前田米蔵《よねぞう》を鉄道大臣に、永田秀次郎を拓《たく》務《む》大臣に任じられる」とあります。

注目すべきは、翌日に当たる「貞明皇后実録」三月十日条です。

内閣総理大臣兼外務大臣広田弘毅以下国務大臣十一名、新任御礼ノ為参殿セルニヨリ謁ヲ賜ヒ、且特ニ激励ノ御言葉ヲ賜フ。蓋シ異例ノコトナリ。

つまり広田首相や閣僚は、九日夜に親任式を終えるや、翌日にそろって大宮御所を訪れ、皇太后から「激励ノ御言葉」を与えられていたのです。鉄道大臣の前田米蔵は、西園寺に会うや「いきなり眼鏡をはづして声を出して泣」き、皇太后から「時局重大の時に一層身体を大切にして、お国のために尽してくれ」という言葉をかけられたと西園寺に語ったことが、西園寺の秘書役である原田熊雄《くまお》の口述記録に残されています（原田熊雄述『西園寺公と政局』第五巻）。

皇太后が首相や閣僚に会うこと自体は、明治から大正に変わったばかりの第三次桂太郎内閣のときにもありました。しかしこのときは大正天皇が政治的に未熟だったという事情があったのに対して、今回は昭和天皇が政治的に成熟しており、本来ならば皇太后が出る幕ではありませんでした。二・二六事件という前例のないクーデターに接したことが、皇太后の存在感を浮上させた面はあったと思います。弘前に帰った秩父宮の意向を踏まえているという見方ができるかもしれません。
西園寺はこう心配しています。

皇太后様を非常に偉い方のやうに思つてあんまり信じ過ぎて……といふか賢い方と思ひ過ぎてをるといふか、賢い方だらうがとにかくやはり婦人のことであるから、よほどその点は考へて接しないと、陛下との間で或は憂慮するやうなことが起りはせんか。自分は心配してをる。（同）

前年に「満洲国」皇帝の溥儀が訪日したときには、皇太后はあたかも溥儀の実母であるかのように振る舞いました。西園寺の眼には、皇太后の存在感が段々と大きくなりつつあるように映ったのではないでしょうか。

「満洲国」に対する皇太后節子の関心

一九三七（昭和一二）年二月には、溥儀の弟に当たる溥傑《ふけつ》と嵯峨浩《さがひろ》の婚約が発表され、四月三日に結婚しました。その直前、皇太后節子が嵯峨浩を大宮御所に呼び出していま す。皇太后との面会の様子を、浩はこう回想しています。

「満州国の皇帝に仕えることは、わが国の陛下に仕えるのと同じことです。新京には宮内省からも入江、加藤の二人が行っているから、心配はいりません。溥傑《ふけつ》に仕え、日本の婦徳を大いに示すように……」

皇太后さまはこう仰せになると、明治天皇のご生母である中山一位局《いちいのつぼね》から、お若い頃にいただいたという無地薄緑の反物を、

「記念の品ではあるが、浩にもゆかりがあり、このたびの大役ゆえ下賜《かし》します。満州の地にも持参して、中山一位局の婦徳を思い出すがよい」

と、ご下賜くださいました。

（『流転の王妃の昭和史』）

この当時、皇帝溥儀と皇后婉容《えんよう》の間に子どもはいませんでした。婉容はアヘン中毒にかかっていて子どもが産める状態ではなかったのです。昭和天皇を生んだ皇太后が、明治天

皇を生んだ中山慶子からもらった反物をわざわざ嵯峨浩に下賜したということは、浩が溥儀の跡継ぎに当たる男子を生むことを期待していたようにも見えます。皇太后が溥儀の「母」だとすれば、嵯峨浩は次代の皇帝の「母」になるわけです。しかし実際には、溥傑と浩の間に生まれたのは二人とも女子でした。

その後も皇太后は、「満洲国」に対する並々ならぬ関心を寄せ続けます。一九四三（昭和一八）年三月から四月にかけて首相の東条英機《とうじょうひでき》が「満洲国」に出張したときには、出発前と帰国後に大宮御所を訪れています。皇太后は帰国した東条に、「こちらに帰朝匆々《そうそう》、疲れて居らるる所、来られて委《くわ》しく御話をして下さつて満足に思つて居ります。幾分疲れて居らるる様に見られたが、其の後総理には障りはないだろうか。大事な秋《とき》大変忙しい様であるが、呉々も無理をせぬ様に気を付けられ度《た》い」という言葉までかけています（伊藤隆ほか編『東条内閣総理大臣機密記録』）。

戦中期における皇太后節子の存在感

一九三七（昭和一二）年七月七日、盧溝橋《ろこうきょう》事件の勃発を機に日中戦争が始まります。この戦争が終わらないまま、四一（昭和一六）年一二月八日には太平洋戦争が始まり、四五年八月まで戦争の時代が続いたことは周知の通りです。

この時期の皇太后節子は、三八（昭和一三）年一月から四五年七月まで、大宮御所で戦地から帰還した多くの軍人に会っています。前述のように、皇后美子も日露戦争のときに軍人に会うことがありましたが、その数はせいぜい十数人でした。皇太后節子は、それをはるかに上回る数の軍人に会っています。

前掲「貞明皇后実録」をもとに、皇太后が大宮御所で会った軍人ののべ人数を年ごとに集計すると、三八年は四〇人、三九年は六四人、四〇年は四二人、四一年は五二人、四二年は二三人、四三年は五〇人、四四年は四三人、四五年は二八人にのぼります。七月までの集計のために少ない四五年は別として、四二年の人数が少ないのは、ほとんど沼津御用邸に疎開していたからです。

軍人の多くは、陸海軍の現役ないし前の師団長や旅団長、司令官、司令長官でした。同時期の『昭和天皇実録』第七〜第九を照合してみると、彼らのほとんどは、天皇にも会っていたことがわかります。正確に言えば、彼らはまず宮城で天皇に会い、戦況を報告しています。時間は通常は午前で、日露戦争のときと同様、皇后良子に会うこともありました。

皇太后節子に会うのは、必ず天皇に会ってからでした。それは天皇に会った同じ日の午後のこともあれば、翌日以降のこともありました。「貞明皇后実録」には正確な時間まで記されてはいませんが、皇太后は午前中と夕方は御影殿にこもっていますので、軍人に会ったのは午前の遅い時間帯か午後の早い時間帯だったと推定されます。

例えば一九四四（昭和一九）年一二月四日には、前支那派遣軍総司令官で教育総監の畑《はた》俊六《しゅんろく》が上海から空路経由で帰京しましたが、翌々日の午前にまず宮城を訪れ、天皇、皇后に拝謁してから午後に大宮御所を訪れ、皇太后に拝謁しています。畑が天皇にあった時間は「約十五分」あまりにすぎなかったのに対して、皇太后からは「特に御椅子を賜はり長時間種々御下問に奉答、主として支那の状況、一号作戦等に関し御下問」がありました（『陸軍　畑俊六日誌』）。天皇よりも皇太后のほうが面会の時間が長く、質問も多岐にわたっていたことがわかります。畑は皇太后について、「中々御承知なるには恐懼《きょうく》の外なし」（同）と記しています。

皇太后は軍人に会うと、銀煙草箱やカフスボタン、金一封などを下賜しています。おそらく天皇は、彼らが自分に会ったあとに皇太后にも会うことを知っていたでしょう。前掲『皇后考』で示したように、戦中期の皇太后は「かちいくさ」を祈る和歌を数多く詠んでいますが、あたかも天皇の背後にいて、軍人を鼓舞し、戦勝をあおり続けるかのような存在になっていたように思われます。

戦争末期における勅使参向の謎

一九四五（昭和二〇）年七月から八月にかけて、大分県の宇佐神宮と福岡県の香椎宮に勅使が参向しています。これは二〇一四（平成二六）年の『昭和天皇実録』の公開によって初めて明らかになった事実の一つです。

通常ならば、宇佐神宮と香椎宮への勅使参向は一〇月に行われます。しかし勅使は、空襲が続くなか、七月二七日に東京を出発し、七月三〇日に宇佐神宮に参向。さらに香椎宮へ参向したのは八月二日でした。戦争末期の土壇場のところで、本来行くはずのない時期に、勅使はなぜ宇佐神宮と香椎宮に向かったのでしょうか。『昭和天皇実録』同年七月三〇日条には次のような記述があります。

今回は両宮への御祭文中に左の辞別《ことわけ》を加えられ、由々しき戦局を御奉告になり、敵国の撃破と神州の禍患《かかん》の祓除《ばつじょ》を祈念される

（前掲『昭和天皇実録』第九）

つまり、戦勝祈願のために勅使は九州へ向かったのです。辞別の一節には「当《まさ》に皇国の興廃に繋る甚《はなはだ》由々しき戦局にし有れば国内尽《ことごとく》一心に奮《ふるい》起《た》ち有らむ限りを傾竭《かたむけつく》して敵国を撃《うち》破り事向けしめむとなも思ほし食《め》す」（原文は宣命書き）とあり、非常に激しい調子で敵国撃破を祈っていたことがわかります。

しかしそうであるなら、さらに謎は深まります。なぜなら天皇は、六月二〇日に外相の東郷茂徳《しげのり》に「戦争の早期終結を希望する旨の御沙汰」を下したのに続き、二二日には自ら最高戦争指導会議懇談会を開催し、早期終結の意思表示をしていたからです（同）。にもかかわらず、なぜ戦勝を祈願したのでしょうか。さらに不可解なのは、天皇が戦勝を祈願してきた伊勢神宮ではなく、なぜ宇佐神宮と香椎宮だったのかということです。

そこで考えられるのが、皇太后の存在です。宇佐神宮は応神天皇が主祭神で、神功皇后も一緒に祀られています。香椎宮はもともと神功皇后を主祭神とし、皇太后自身が皇后時代に参拝しています。この二つの神社に勅使を参向させたということは、神功皇后が応神天皇を妊娠したまま朝鮮半島に出兵し、戦争に勝ったとされる「三韓征伐」が念頭に置かれていたように思われるのです。

三韓征伐を成し遂げた神功皇后と応神天皇に祈りを捧げたのは、神功皇后の霊との一体化を信じ、太平洋戦争を三韓征伐に重ね合わせて「勝ち」にこだわった皇太后の意向だったのではないかというのが私の説です。そしてその「母」の意向を、敗戦が色濃く漂う土壇場にあっても、天皇は無視できませんでした。表立って「母」が権力を握っていたわけではありませんが、戦争終結間際の日本において「母」の存在がいかに大きくのしかかっていたかということを感じずにはいられません。

皇室典範と女帝論

敗戦直後の一九四六（昭和二一）年七月、吉田茂内閣は臨時法制調査会を設置しました。皇室関係については調査会の第一部会で話し合われることになりましたが、そこで示された皇室典範の素案に当たるA案からE案までは、すべて冒頭第一に「皇位は、皇統に属する男系の嫡出男子が、これを継承すること」という条文を掲げています。同年一〇月に調査会がまとめた最終結論には、「改正憲法ノ所謂《いわゆる》男女同権ノ原則ハ国民ニ普《あま》ネク適用セラレルモノデアリマスガ、日本国ノ象徴タル地位ト云フ特殊性ニヨル特例ハ当然予想シ得ラレルモノト解シ得ルノデアリマシテ、皇統ヲ継承スルモノハ男系ノ男子ニ限ルト云フ従来ノ原則ヲ堅持スルコトノ結論ニ到達シテ居ル次第デアリマス」とあります（前掲『萬世一系」の研究』上）。日本国憲法に掲げられた男女同権の原則は、天皇には適用されないとしたわけです。

この結論を受けて、一九四七（昭和二二）年一月に制定された現皇室典範では、第一条に「皇位は、皇統に属する男系の男子が、これを継承する」と定められました。確かに旧皇室典範とは異なり、庶子による皇位継承は認められなくなりましたが、その第一条「大日本国皇位ハ祖宗ノ皇統ニシテ男系ノ男子之ヲ継承ス」は忠実に踏襲していたわけです。摂政については女性皇族の就任の可能性を残しつつも、その順位は「皇太子又は皇太孫」「親王及び王」の次とすることで現実的な可能性を低くしたことにも、旧皇室典範との連続性がうかがえます。

もちろん、戦後初の総選挙に当たる四六年四月の衆議院議員総選挙で初めて誕生した女性議員のなかには、反対する声もありました。日本社会党の新妻《にいづま》イトは、「今度の憲法によりまして、女もどうやら人間並みになったのでございますから、この男系の男子ということをどうにかしてとっていただくことができないかしら」と質問しています。これに対して、憲法担当の国務大臣・金森徳次郎《かなもりとくじろう》は、「天皇に関する多くの問題は、結局日本国民の間に、伝統的に発展しております思想の流れを追うて考えて行くよりほかに道がございません。つまり万世一系の天皇を戴《いただ》いておるということそれ自身が、日本の国民の心の中に流れておる一つの思想の現れだと思います」と答えています（中野正志『女性天皇論』）。

こうして戦後も、女性皇族が天皇になることはもちろん、摂政になることもほぼ断ち切られました。しかし、たとえ天皇や摂政にならなくとも、皇后や皇太后が時に天皇を上回る影響力を及ぼせることは貞明皇后の例に明らかです。ではなぜ、貞明皇后は中国や朝鮮のような垂簾聴政を行ったわけではなかったにもかかわらず、こうした力をもつことができたのでしょうか。それを解く鍵となるのが、民俗学者の折口信夫が四六年一〇月に発表した「女帝考」という論考です。

折口信夫の「女帝考」

折口信夫の「女帝考」の論の中核には、ナカツスメラミコト（中皇命、中天皇）があります。ナカツスメラミコトとは、「御在位中の天皇に対して、最近い御間がらとして、神と天皇との間に立っておいでになる御方」です。その例として、折口は神功皇后を挙げ、次のように続けます。

神功皇后の昔には、まだ中天皇《なかつすめらみこと》に類した名称は出来なかったものであろうと思われる。そうして、実際は、中《なか》つ天皇《すめらみこと》として、威力を発揮遊《あそば》したのだということが出来る。

皇后とは中つ天皇であり、中つ天皇は皇后であることが、まずひと口には申してよいと思うのである。

（「女帝考」）

つまり皇后とは、神と天皇の間に立つナカツスメラミコトであるということです。そして宮廷政治の原則は「中天皇が神意を承《う》け、其告げによって、人間なるすめらみことが、其を実現する」（傍線原文）ことだったと述べています。

こうした折口のナカツスメラミコト論に対しては、義江明子が「巫女《みこ》論ではあっても女帝論ではない」とし、「統治者としての女性君主を否定する女性観が横たわっている」と批判しています（前掲『日本古代女帝論』）。しかし、巫女＝権力をもたない女性、女性君主＝権力をもった女性と単純に分けることはできません。「上《かみ》は神祇の霊を蒙《こうぶ》り、下《しも》は群臣《まえつきみたち》の助《たすけ》に藉《よ》りて」（『日本書紀』巻第九）三韓征伐を行った神功皇后は、巫女であるとともに権力ももっていたからです。

折口の論に従えば、神功皇后の霊との一体化を信じた皇太后節子すなわち貞明皇后もまたナカツスメラミコトだったことになります。たとえ自ら天皇にならなくても、皇太后は神功皇后同様、ナカツスメラミコトとして「神意」を承け、昭和天皇にそれを伝えたわけです。昭和天皇が戦争末期まで皇太后節子の意向に逆らえなかった理由の一端が見えてくるのではないでしょうか。

もしそうだとすると、伝説に属する神功皇后の時代から二〇世紀へと、日本独自の「まつりごとの構造」が受け継がれたことになります。確かに江戸時代になると、女性は権力から徹底して排除されるようになり、明治以降の天皇制にもそれが継承されたことは、すでに見た通りです。しかし明治以降、皇后が「祈る」主体として登場するとともに、大正天皇の病気をきっかけとしてその主体がさらに浮上し、神に近づこうとすることで、皇后ないし皇太后が天皇よりも上位に立てる余地は残されていたのです。こうして日本では、中国や朝鮮とはまったく異なる方法で、再び「母」が権力をもつことのできる時代を迎えたわけです。

皇太后節子は一九五一（昭和二六）年五月に急死しましたが、戦後の象徴天皇制のなかに、こうした構造はまだ残っているといえます。GHQによる改革にもかかわらず、宮中三殿や伊勢神宮などはまるごと残り、皇室祭祀はそっくり受け継がれ、皇后は天皇とともに神に向かって祈ることが続けられたからです。皇后良子すなわち香淳皇后もまた一九七〇（昭和四五）年五月三〇日には、侍従長の入江相政《いりえすけまさ》に対して「日本の国がいろ〳〵をかしいのでそれにはやはりお祭りをしつかり遊ばさないといけない」と述べるなど、やや神がかったことを言うようになりましたが、入江に抑えられています（『入江相政日記』第八巻）。皇后美智子も祭祀には熱心で、一九九七（平成九）年には「宮中の祭祀」を「皇室として欠くことのできない大切な仕事」と位置付けています（『歩み』）。祭祀と女性皇族の関係については、改めて終章で触れたいと思います。

終章　なぜ女性の政治参加は進まないのか

天皇明仁の退位

二〇一六年八月八日、今上天皇明仁は「象徴としてのお務めについての天皇陛下のおことば」を発表しました。そのなかに次の一節があります。

私はこれまで天皇の務めとして、何よりもまず国民の安寧《あんねい》と幸せを祈ることを大切に考えて来ましたが、同時に事にあたっては、時として人々の傍《かたわ》らに立ち、その声に耳を傾け、思いに寄り添うことも大切なことと考えて来ました。（宮内庁ホームページ）

おそらく、「国民の安寧と幸せを祈ること」は祭祀を、「時として人々の傍らに立ち、その声に耳を傾けること」は行幸を指していると思われます。つまり「おことば」は、天皇自身が初めて祭祀と行幸を「象徴天皇のお務め」の中核に位置付けたものと見ることができるわけです。

この「おことば」を受ける形で二〇一七年六月、「天皇の退位等に関する皇室典範特例法」が国会で可決成立しました。皇室典範を改正しないまま、特例として天皇明仁の退位を認めたのが、この特例法でした。

天皇明仁は退位後、上皇になります。上皇が出現するのは、江戸時代の光格天皇以来です。古代日本や中国、朝鮮でもそうでしたが、終身在位制の下では皇后や王后のほうが皇帝や天皇、国王よりも長く生きる傾向があります。明治、大正、昭和の皇后はいずれも天皇よりも長く生きています。天皇明仁の退位は、天皇の引退後や死後に「母」が台頭し、天皇を上回る存在になることのできる天皇制の構造を根本的に改め、「父」を復権させるための試みのように見えなくもありません。

ただし特例法の下で、上皇の活動は天皇時代に比べて大幅に制限されることになります。上皇は国事行為や公的行為は行わないばかりか、私的行為とされながら公的な性格をもつ宮中祭祀にも出ない可能性があります。それでも私的な外出と称して地方視察を続ければ、天皇時代と同様、各地で熱狂的な歓迎を受けることは想像に難くなく、権威の二重性が生ずる余地は残っていると言わざるを得ません。

一方、皇后は上皇后になります。上皇の后を意味するこの称号が使われるのは、これが初めてです。上皇后は皇太后に準じた待遇を受けるため、上皇とは対照的に、特例法の下でも皇后時代と変わらない活動を続けることができます。上皇は摂政にはなれないのに対して、上皇后は摂政になれる資格も失いません。宮中祭祀も公式の行啓も続けることができます。

皇后美智子は、宮中祭祀も行啓も、常に天皇明仁とともに熱心に行ってきました。そればかりか二〇〇〇年以降は、皇后単独で都内に外出することも増えています（河西秀哉「美智子皇后論」）。代替わり後は体調面で不安が残る新皇后の分まで上皇后がカバーすることで、結果的に「母」の存在感が増す可能性もあります。

国民が求める「母」

序章の冒頭で触れたように、日本では女性の政治参加が非常に遅れています。国会の二世議員や三世議員は、祖父や父を継ぐ息子や孫が圧倒的に多く、父を継ぐ娘や祖父を継ぐ孫娘もいますが、多くはありません。母を継ぐ息子や母を継ぐ娘に至っては、ほとんどないと言ってよいくらいです。

その一方で、皇后美智子は天皇明仁とともに、すでに半世紀以上にわたって宮中で祈り、全国各地を回り続けてきました。天皇明仁も前述の「おことば」のなかで、「皇太子の時代も含め、これまで私が皇后と共に行《おこな》って来たほぼ全国に及ぶ旅」と、わざわざ皇后に言及しています。皇后は、国民を直接いたわり、温かく慈しむという意味で、まさに「国母」になっているわけです。

国民もまた皇后に「母」を求めてはいないでしょうか。ここでいう「母」は、決して権力者ではありません。すべてを許してくれる、慈悲深い存在です。そのモデルとしては、第一章で触れた光明皇后が挙げられるでしょう。あの猛々《たけだけ》しい神功皇后ですら、伝説があちこちに残る九州では「聖母」と呼ばれ、信仰の対象になっています。

同じ九州では、かくれキリシタンにとっての聖母マリアが、江戸時代から長らく信仰の対象になってきました。遠藤周作《しゅうさく》の小説『母なるもの』には、いまなおその信仰が息づく長崎県の島を主人公の「私」が訪れ、「乳飲み児をだいた農婦の絵」にしか見えない「キリストをだいた聖母の絵」と対面する場面があります。

私はその不器用な手で描かれた母親の顔からしばし、眼を離すことができなかった。彼等はこの母の絵にむかって、節くれだった手を合わせて、許しのオラショを祈ったのだ。彼等もまた、この私と同じ思いだったのかという感慨が胸にこみあげてきた。昔、宣教師たちは父なる神の教えを持って波濤万里《はとうばんり》、この国にやって来たが、その父なる神の教えも、宣教師たちが追い払われ、教会が毀《こわ》されたあと、長い歳月の間に日本のかくれたちのなかでいつか身につかぬすべてのものを棄《す》てさりもっとも日本の宗教の本質的なものである、母への思慕に変ってしまったのだ。

「私」が訪れた長崎県の島では、江戸時代にキリスト教が弾圧されたあとも、「かくれたち」の間でひそかに信仰が保たれていましたが、長い年月を経る間に「父なる神」が「キリストをだいた聖母」に変わってしまったのです。そこには猛々しい神功皇后がいつしか「聖母」になるのと同様の変化を認めることができます。この辺境の地では、男女の年長者が統率、指導し、男尊女卑の観念が乏しかった古代日本の双系制の文化が濃密に残っているからかもしれません。

しかしながら「母への思慕」というのは、決して「かくれたち」だけがもっていたわけではありません。遠藤周作が言うように、それが「もっとも日本の宗教の本質的なもの」とまで言えるかどうかは措くとしても、少なくとも国民が皇后に「母」を求める心情とは通底しています。

作家の中野重治は、『五勺の酒』という小説のなかで、一九四六（昭和二一）年一一月三日に宮城（現・皇居）前広場で昭和天皇、香淳皇后が出席して開かれた新憲法公布記念祝賀都民大会について言及しています。広場に集まった人々のうち、「たしかに泣いてた女学生はいたが皇后で泣いたのだ。憲法でではなかった」と中野が記しているのは、おそらく事実でしょう。皇后がただそこにいるだけで、自然に涙があふれてくる。こうした心情は、今日ますます強まっているように思われます。

祭祀と女性皇族

世界の歴史は近代以降、君主国が減少する過程をたどってきました。それは革命が相次いだヨーロッパだけでなく、東アジアでも同様でした。確かに中華民国の初代大総統となる袁世凱《えんせいがい》は帝政を復活させ、「中華帝国皇帝」として天を祭りましたが、それも一九一六年の袁の死去とともに途絶えました。

一方、日本では、明治になって近代天皇制が確立されるとともに、逆に新たな宮中祭祀がつくられ、皇后や皇太后は天皇とともに「祈る」主体となりました。一九〇八（明治四一）年制定の皇室祭祀令には、次のような条文があります。

第八条　大祭ニハ天皇皇族及官僚ヲ率ヰテ親《みずか》ラ祭典ヲ行フ
第二十条　小祭ニハ天皇皇族及官僚ヲ率ヰテ親ラ拝礼シ掌典長《しょうてんちょう》祭典ヲ行フ

ここでいう大祭は元始祭、一代前の天皇祭、紀元節祭、春季皇霊祭、神武天皇祭、秋季皇霊祭、神嘗祭《かんなめさい》、新嘗祭などを、小祭は四方拝、賢所《かしこどころ》御神楽《みかぐら》、四代前から二代前までの天皇祭などを、それぞれ意味します。これらのうち、四方拝と新嘗祭を除く宮中祭祀は明治になってつくられたものでした（神嘗祭のように、もともと伊勢神宮で行われていた祭祀を宮中で新たに始めたものもあります）。皇族には皇后と皇太后が含まれます。皇后や皇太后は、新嘗祭を除くすべての大祭と、四代前から二代前までの天皇祭や賢所御神楽など、一部の小祭に出るものとされました。

大日本帝国憲法の下で天皇は統治権の総攬《そうらん》者とされる一方、皇后や皇太后は政治に関わらないよう、周到な注意が払われました。また旧皇室典範の下で女性天皇が排除され、皇后や皇太后が摂政になれる順位も男性皇族に次ぐものとされました。この点に関する限り、近代天皇制は将軍の正室や生母などの女性が権力をもたないよう周到に注意を払った徳川政治体制を踏襲していました。しかし、アマテラスを祀る伊勢神宮を頂点とする国家神道の体制を確立させるとともに、皇后や皇太后を天皇とともに「祈る」主体として想定した点で、近代天皇制は徳川政治体制と決定的に異なっていたのです。

「祈る」主体の温存

ただ実際には、さまざまな祭祀が整備されたばかりの明治時代は、まだ天皇、皇后ともに必ずしもすべての祭祀を行ったり、祭祀に出たりしたわけではありませんでした。宮中祭祀や神社への参拝に熱心になるのは、大正天皇の皇后節子からです。大正天皇の予期せぬ病気が、皇后をして「神」の存在を否応なしに認識させたからです。

確かにそれは、中国や朝鮮の垂簾聴政とは違います。シャーマンであるとともに政治権力をもっていた神功皇后とも違います。たとえ天皇より長く生きたとしても、皇太后が「母」として露骨に権力をもつことはないからです。しかし、戦争に際して「神」に勝利を祈る皇太后節子の姿は、三韓征伐に際して「神」に祈った神功皇后を彷彿《ほうふつ》とさせます。折口信夫が考察したように、ナカツスメラミコト（中皇命、中天皇）である神功皇后と一体化することで、「中天皇〔母・節子〕が神意を承け、其告げによって、人間なるすめらみこと〔子・昭和天皇〕が、其を実現する」ことができたからです。

戦後、日本国憲法の施行と引き換えに皇室祭祀令などの皇室令は廃止されました。しかし、GHQは政教分離を図り、宮中祭祀を天皇家の私事と見なした上で信教の自由を認めたために、その実態は戦前とほぼ変わりませんでした。新嘗祭や春季皇霊祭、秋季皇霊祭など、祝祭日の名称が変わっても、昭和天皇や香淳皇后は戦前と同じ日に戦前とまったく同じ名称の祭祀を行ったり、そうした祭祀に出て拝礼したりしました。戦後の皇室典範でも女性天皇が排除された上に女性皇族が摂政になれる順位は低く、女性が権力をもたないよう周到な注意が払われましたが、皇后や皇太后が天皇とともに「祈る」主体となることのできる構造そのものは温存されたのです。

「母」を超えて

中国や朝鮮では、古くから父系制が根付いた反面、二〇世紀初頭に革命や併合により君主制が廃止される直前まで、「母」に当たる皇太后や大妃などが大きな権力をもつことのできる臨朝称制や垂簾聴政の構造が保たれました。このことが、女性は政治に介入すべきでないとする儒教の政治的影響を和らげ、女性の政治参加を広げる上で有利に作用しているように見えなくもありません。いまや台湾や韓国では、女性議員が増えたばかりか、女性の総統や大統領も誕生しています。

一方、日本では双系制を起源にしながらも、平安時代以降、院政に代表される父系制の影響が強まり、明治以降も「母」の権力が「祈る」主体として回収されたために、垂簾聴政のように「母」が絶対的な権力を握ることはありませんでした。そして戦後も天皇制が維持され、新たに制定された皇室典範でも明治の皇室典範の大枠が踏襲されたまま、「母」が「祈る」主体であり続けました。

この点で興味深いのは、婦人運動家の市川房枝が日中戦争の最中に当たる一九四〇（昭和一五）年に中国を訪れた際の女性の印象に焦点を当てて、『東京朝日新聞』が同年四月一六日から一九日にかけて連載した「新支那の女性——市川房枝女史に聴く会」と題する報告です。市川は、中国では家庭内の婦人の権力が強く、「支那夫人に云はせると日本の女性は奴隷だと云」われており、「支那の婦人の中には、二〇歳位でもハッキリした政治意識を持つてゐる知識階級が沢山ゐ」ることに驚きを隠さなかったからです（進藤久美子『市川房枝と「大東亜戦争」』）。

平成になると、宮中祭祀や伊勢神宮などへの参拝に加えて、被災地や激戦地への度重なる行幸啓により、天皇とともに災害の犠牲者や戦死者に向かって祈る皇后の姿が、しばしばテレビに映し出されるようになりました。天皇明仁が「おことば」で「国民の安寧と幸せを祈ること」に触れていたのは先に触れた通りですが、皇后美智子もまた一九九四（平成六）年の誕生日に「すべてを善かれと祈り続ける者でありたいと願っています」と述べています（前掲『歩み』）。

二〇一三年の誕生日には「今年は憲法をめぐり、例年に増して盛んな論議が取り交わされていたように感じます」と述べて「五日市《いつかいち》憲法草案」に言及するなど、皇后は時に政治的ニュアンスの濃厚な発言をすることがあります。しかしテレビに映る皇后は、常に天皇の一歩後ろにつき従い、決して天皇よりも前に出ることはありません。天皇と一緒に会見するときも、天皇を立てながら回答しています（前掲「美智子皇后論」）。

「母」として家庭で三人の子どもを育て、「妻」として夫に尽くす皇后美智子の姿は、いわゆる良妻賢母のイメージとも重なります。そこには貞明皇后のような、神功皇后と一体化することで「神」と天皇の中間に立つ、ナカツスメラミコト（中皇命、中天皇）としての皇后の姿はうかがえません。

古代日本に双系制の文化があったとすれば、男尊女卑という観念はもともと日本にはなく、年長者の女性が権力をもつこともできるはずです。いや、双系制が廃れ、父系制へと移行してからも、年長者の女性が権力をもつ時代が断続的にあったことは、本書で示した通りです。けれどもいまや、そうした時代があったことはすっかり忘却され、男系の皇統がずっと保たれてきたことが日本のアイデンティティだとする言説が依然として影響力をもっています。そして第二章で触れた血のケガレに明らかなように、女性により多くの負担がかかる宮中のしきたりがいまなお一般に知られることなく維持されたまま、皇后美智子によって代表されるような、良妻賢母的で国民に温かい慈愛を注ぐ「母」としての女性像が広く称賛されているわけです。

日本で近代以降に強まった、女性の権力を「母性」や「祈り」に矮小化してしまう傾向は、皇后や皇太后が「神」と天皇の間に立つことを可能にする反面、女性の政治参加が憲法で認められたはずの戦後にあっても、女性を権力から遠ざけるという影響を及ぼしているように思われます。こうした状況が続く限り、日本で女性議員を増やし、女性の政治参加を増やすことは根本的に難しいと言えます。

それを可能にするためには、序章で触れた男系イデオロギーによって隠蔽された〈女帝〉の日本史をもう一度掘り起こし、いまなお根強く残るジェンダー役割分業観を歴史的に相対化する視点を養わなければなりません。本書はまさにそのために書かれたことを、最後に強調しておきます。

あとがき

　このところ、日本では女性の政治家に関する話題が連日のようにテレビのニュースやワイドショーなどをにぎわしています。しかしその多くは、政治家としての品性や資質が疑われるというマイナスの評価を伴っているように思われます。もちろん女性政治家自身に問題があり、そうした報道が当たっている場合も少なくはないのですが、男性であればそれほど問題にならないようなことが、女性であるというだけでことさら問題となる場合もないとは言えません。こうしたこと自体、日本における女性政治家の少なさを暗示しているのではないでしょうか。

　その一方で、皇后の存在感はますます大きくなりつつあるように見えます。それとともに、女性皇族の話題にも事欠きません。彼女らは世俗の権力とは無縁で、国民の平安を日々祈っている無私の存在であるかのごとく報道されます。品性や資質の疑われる女性の政治家とは対照的にとらえられるわけです。

私は男性の政治学者ですが、こうしたマスコミのステレオタイプ的な報道の仕方に何ともいえない居心地の悪さをずっと感じてきました。一体なぜ、西洋諸国はもとより、東アジアでも女性の政治参加は着実に増えているのに、日本はそうならないのか。はじめから日本はそういう国だったのか。それを知るためには、目の前の現実からいったん離れて、歴史の起源にまでさかのぼるとともに、東アジアのなかで日本をとらえるという視点も同時にもつ必要があると思いました。

歴史には、ミクロな視点とマクロな視点の双方が必要です。歴史学者は前者だけを行い、後者は専門外として敬遠する傾向があります。しかしそれでは、いつまでたっても肝心の謎は解けません。本書で不十分ながら示した、〈女帝〉から歴史を見るという視点は、まだ土台ができたばかりです。今後は西洋の帝国や王国との比較も視野に入れながら、この遠大な研究をさらに続けてゆきたいと強く念じています。

本書は、二〇一六年三月から一一月にかけて、NHK出版で七回にわたって行われた講義をもとにしています。この間に天皇の退位をにじませた「おことば」が発表され、強い刺激を受けたことは序章で述べた通りです。本書の出版を勧めてくださった大場旦さん、構成を担当された澁川祐子さん、そして『団地の空間政治学』（ＮＨＫブックス、二〇一二年）で編集を担当されて以来、再び編集の労をとってくださった加納展子さんに心からの感謝をささげたいと思います。

二〇一七年九月一日

原　武史

主要参考文献

※本文内では引用や参照した文献名を、初出にのみ明記した。

序章

・「Women in national parliaments」、ウェブサイト
・衛藤幹子『政治学の批判的構想――ジェンダーからの接近』、法政大学出版局、二〇一七年
・「象徴としてのお務めについての天皇陛下のおことば」、宮内庁ホームページ

第一章

・『易経下』(全釈漢文大系第一〇巻)、集英社、一九七四年
・『礼記中』(全釈漢文大系第一三巻)、集英社、一九七七年
・『礼記下』(全釈漢文大系第一四巻)、集英社、一九七九年
・『尚書』(全釈漢文大系第一一巻)、集英社、一九七六年
・ジャン=クリストフ・ビュイッソン、ジャン・セヴィリア編『王妃たちの最期の日々』上・下、神田順子ほか訳、原書房、二〇一七年
・アリストテレス『政治学』、牛田徳子訳、京都大学学術出版会、二〇〇一年
・義江明子『つくられた卑弥呼――〈女〉の創出と国家』、ちくま新書、二〇〇五年
・「肥前国風土記」『風土記』(日本古典文学大系2)、岩波書店、一九五八年所収

・『日本書紀』全五冊、岩波文庫、一九九五年
・東直子『いとの森の家』、ポプラ社、二〇一四年
・『舊唐書』第一冊、北京・中華書局、一九七五年
・『史記二』（新釈漢文大系第三九巻）、明治書院、一九七三年
・郭茵『呂太后期の権力構造――前漢初期「諸呂の乱」を手がかりに』、九州大学出版会、二〇一四年
・『漢書』第一冊、北京・中華書局、一九六二年
・朱子彦『垂簾聴政――天下に君臨する「女帝」』、上海古籍出版社、二〇〇七年
・『新唐書』第二〇冊、北京・中華書局、一九七五年
・久米邦武「神功皇后と漢の呂后」『久米邦武歴史著作集第二巻　日本古代中世史の研究』、吉川弘文館、一九八九年所収
・水谷千秋『女帝と譲位の古代史』、文春新書、二〇〇三年
・滋賀秀三『中国家族法の原理』、創文社、一九六七年
・前田尚美「『嫡母』と『生母』――明代の皇后・皇太后の歴史的位置」『京都女子大学大学院文学研究科研究紀要　史学編』一二号、京都女子大学、二〇一三年所収
・キム・スジ『大妃　王の上にいる女性』、ソウル・人文書院、二〇一四年
・仁藤敦史『女帝の世紀――皇位継承と政争』、角川選書、二〇〇六年
・武田佐知子『衣服で読み直す日本史――男装と王権』、朝日選書、一九九八年
・義江明子『日本古代女帝論』、塙書房、二〇一七年

・荒木敏夫『可能性としての女帝――女帝と王権・国家』、青木書店、一九九九年
・遠山美都男『古代日本の女帝とキサキ』、角川書店、二〇〇五年
・入江曜子『古代東アジアの女帝』、岩波新書、二〇一六年
・直木孝次郎「持統天皇と呂太后」三品彰英編『日本書紀研究』第一冊、塙書房、一九六四年所収
・宇治谷孟『続日本紀』上・全現代語訳、講談社学術文庫、一九九二年
・金子修一『中国古代皇帝祭祀の研究』、岩波書店、二〇〇六年
・中野渡俊治『古代太上天皇の研究』、思文閣出版、二〇一七年
・水林彪『天皇制史論――本質・起源・展開』、岩波書店、二〇〇六年
・神野志隆光『「日本」とは何か――国号の意味と歴史』、講談社現代新書、二〇〇五年
・三浦まり編著『日本の女性議員――どうすれば増えるのか』、朝日選書、二〇一六年
・勝浦令子『孝謙・称徳天皇――出家しても政を行ふに豈障らず』、ミネルヴァ書房、二〇一四年
・三浦周行『日本史の研究』第一輯、岩波書店、一九二二年
・阿満利麿『日本精神史――自然宗教の逆襲』、筑摩書房、二〇一七年
・高取正男『神道の成立』、平凡社ライブラリー、一九九三年
・吉本隆明「南島論――家族・親族・国家の論理」『展望』、筑摩書房、一九七〇年一二月号所収
・吉本隆明『全南島論』、作品社、二〇一六年
・柄谷行人『〈戦前〉の思考』、講談社学術文庫、二〇〇一年
・柄谷行人『遊動論――柳田国男と山人』、文春新書、二〇一四年

第二章

・井上亮『天皇と葬儀――日本人の死生観』、新潮選書、二〇一三年
・『日本文徳天皇實録』（新訂増補国史大系　普及版）、吉川弘文館、一九七九年
・梅村恵子「天皇家における皇后の位置――中国と日本との比較」鶴見和子ほか監修『女と男の時空――日本女性史再考4』、藤原書店、二〇〇〇年所収
・服藤早苗『平安王朝社会のジェンダー』、校倉書房、二〇〇五年
・河内祥輔『古代政治史における天皇制の論理（増訂版）』、吉川弘文館、二〇一四年
・藤原明衡撰「本朝文粋」巻四『本朝文粋』（新日本古典文学大系27）、岩波書店、一九九二年所収
・菅原道真「菅家文草」巻十『菅家文草・菅家後集』（日本古典文学大系72）、岩波書店、一九六六年所収
・瀧浪貞子『藤原良房・基経――藤氏のはじめて摂政・関白したまう』、ミネルヴァ書房、二〇一七年
・美川圭『院政――もうひとつの天皇制』、中公新書、二〇〇六年
・古瀬奈津子『摂関政治』、岩波新書、二〇一一年
・東海林亜矢子「摂関期の后母――源倫子を中心に」服藤早苗編著『平安朝の女性と政治文化――宮廷・生活・ジェンダー』、明石書店、二〇一七年所収
・服藤早苗「国母の政治文化――東三条院詮子と上東門院彰子」服藤早苗編著『平安朝の女性と政治文化――宮廷・生活・ジェンダー』、明石書店、二〇一七年所収
・伊藤喜良「王権をめぐる穢れ・恐怖・差別」網野善彦ほか編『岩波講座　天皇と王権を考える』第七巻、岩波書店、二〇〇二年所収

・栗山圭子『中世王家の成立と院政』、吉川弘文館、二〇一二年
・健御前「たまきはる」『とはずがたり・たまきはる』（新日本古典文学大系50）、岩波書店、一九九四年所収
・ジョン・W・チェイフィー「宋代における垂簾聴政（皇后摂政）――権力・権威と女らしさ」高津孝編訳『中国学のパースペクティブ――科挙・出版史・ジェンダー』、勉誠出版、二〇一〇年所収

第三章

・野村育世『北条政子――尼将軍の時代』、吉川弘文館、二〇〇〇年
・田端泰子『女人政治の中世――北条政子と日野富子』、講談社現代新書、一九九六年
・慈円『愚管抄　全現代語訳』、大隅和雄訳、講談社学術文庫、二〇一二年
・藤原定家『訓読明月記』第二巻、河出書房新社、一九七七年
・『曾我物語』（新編　日本古典文学全集53）、小学館、二〇〇二年
・竹越与三郎『二千五百年史』三および五、講談社学術文庫、一九七七年
・『吾妻鏡』四、岩波文庫、一九四一年
・『吾妻鏡』五、岩波文庫、一九四四年
・高橋慎一朗『北条時頼』、吉川弘文館、二〇一三年
・『日本文徳天皇實録』前篇（新訂増補国史大系　普及版）、吉川弘文館、一九七八年
・「八幡愚童訓」甲『寺社縁起』（日本思想大系20）、岩波書店、一九七五年所収
・上嶌真弓「中世における神功皇后の認識と評価」『人間文化研究科年報』二五号、奈良女子大学大学院人

間文化研究科、二〇〇九年所収
・姜在彦『歴史物語　朝鮮半島』、朝日選書、二〇〇六年
・脇田晴子『中世に生きる女たち』、岩波新書、一九九五年
・今谷明『室町の王権――足利義満の王権簒奪計画』、中公新書、一九九〇年
・高谷知佳『「怪異」の政治社会学――室町人の思考をさぐる』、講談社選書メチエ、二〇一六年
・太田弘毅『倭寇――商業・軍事史的研究』、春風社、二〇〇二年
・瀬田勝哉『増補　洛中洛外の群像――失われた中世京都へ』、平凡社ライブラリー、二〇〇九年
・三浦周行「日野富子」『新編　歴史と人物』、岩波文庫、一九九〇年所収
・呉座勇一『応仁の乱――戦国時代を生んだ大乱』、中公新書、二〇一六年
・一条兼良「小夜のねざめ」『群書類従』第二七輯雑部、続群書類従完成会、一九六〇年所収
・一条兼良「日本書紀纂疏」『日本書紀註釈（中）』（神道大系　古典註釈編三）、神道大系編纂会、一九八五年所収
・卜部兼右「釈日本紀」『釈日本紀』（神道大系　古典註釈編五）、神道大系編纂会、一九八六年所収
・一条兼良「樵談治要」『群書類従』第二七輯雑部、続群書類従完成会、一九六〇年所収
・内藤湖南『中国近世史』、岩波文庫、二〇一五年
・内藤湖南「応仁の乱に就て」『内藤湖南全集』第九巻、筑摩書房、一九六九年所収
・和辻哲郎「日本倫理思想史」上『和辻哲郎全集』第一二巻、岩波書店、一九六二年所収
・池谷望子ほか編『朝鮮王朝実録　琉球史料集成』訳注篇、榕樹書林、二〇〇五年

・後田多敦「琉球国の最高女神官・聞得大君創設期の諸相」『沖縄文化研究』四〇号、法政大学沖縄文化研究所、二〇一四年所収
・折口信夫「沖縄に存する我が古代信仰の残孽」『折口信夫全集』第一六巻・民俗学篇2、中公文庫、一九七六年所収
・林惠蓮「朝鮮時代　垂簾聴政の整備過程」『朝鮮時代史学報』二七号、朝鮮時代史学会、二〇〇三年所収
・前田尚美「明代の皇后・皇太后の政治的位相――宣徳帝皇后孫子を中心に」『九州大学東洋史論集』四一号、九州大学文学部東洋史研究会、二〇一三年所収
・北島万次『秀吉の朝鮮侵略』、山川出版社、二〇〇二年
・福田千鶴『淀殿――われ太閤の妻となりて』、ミネルヴァ書房、二〇〇七年
・関口すみ子『御一新とジェンダー――荻生徂徠から教育勅語まで』東京大学出版会、二〇〇五年

第四章

・上田信『海と帝国――明清時代』(中国の歴史09)、講談社、二〇〇五年
・笠谷和比古『徳川家康――われ一人腹を切て、万民を助くべし』、ミネルヴァ書房、二〇一六年
・畑尚子『江戸奥女中物語』、講談社現代新書、二〇〇一年
・畑尚子『幕末の大奥――天璋院と薩摩藩』、岩波新書、二〇〇七年
・深井雅海『江戸城――本丸御殿と幕府政治』、中公新書、二〇〇八年
・高橋博『近世の朝廷と女官制度』、吉川弘文館、二〇〇九年

・福田千鶴『春日局——今日は家宅を遁れぬるかな』、ミネルヴァ書房、二〇一七年
・大石学『徳川吉宗——国家再建に挑んだ将軍』、教育出版、二〇〇一年
・安藤優一郎『江戸城・大奥の秘密』、文春新書、二〇〇七年
・『芦田均日記』第三巻、岩波書店、一九八六年
・桂川甫周『北槎聞略——大黒屋光太夫ロシア漂流記』、岩波文庫、一九九〇年
・『本多利明・海保青陵』（日本思想大系44）、岩波書店、一九七〇年
・篠田達明『歴代天皇のカルテ』、新潮新書、二〇〇六年
・久保貴子『徳川和子』、吉川弘文館、二〇〇八年
・井筒清次編『天皇史年表』、河出書房新社、二〇一八年春刊行予定
・藤田覚『江戸時代の天皇』（天皇の歴史06）、講談社、二〇一一年
・『明治天皇紀』第二、吉川弘文館、一九六九年
・山鹿素行『中朝事実』、帝国武徳学会、一九一六年
・『大日本史』（四）列伝一、大日本雄辯會、一九二八年
・『大日本史』（八）列伝五、大日本雄辯會、一九二九年
・渡辺浩「『夫婦有別』と『夫婦相和シ』」『中国——社会と文化』一五号、東大中国学会、二〇〇〇年所収
・原武史『直訴と王権——朝鮮・日本の「一君万民」思想史』、朝日新聞社、一九九六年
・林惠蓮「19世紀垂簾聴政の特徴——制度的側面を中心として」『朝鮮時代史学報』四八号、二〇〇九年所収

・『類聚　伝記大日本史』第一五巻・女性篇、雄山閣、一九三六年
・『昭憲皇太后実録』上、吉川弘文館、二〇一四年

第五章

・大岡弘「近代皇室祭祀における皇后の御拝と御代拝について」『神道宗教』二一八号、神道宗教学会、二〇一〇年所収
・島善高『近代皇室制度の形成――明治皇室典範のできるまで』、成文堂、一九九四年
・小林弘ほか編『明治皇室典範』上(日本立法資料全集16)、信山社出版、一九九六年
・奥平康弘『「萬世一系」の研究――「皇室典範的なるもの」への視座』上・下、岩波現代文庫、二〇一七年
・伊藤博文『帝国憲法皇室典範義解』、国家学会、一八八九年
・伊藤之雄『明治天皇――むら雲に吹く秋風にはれそめて』、ミネルヴァ書房、二〇〇六年
・ユン・チアン『西太后秘録――近代中国の創始者』下、川副智子訳、講談社、二〇一五年
・『伊藤博文伝』下、春畝公追頌会、一九四〇年
・角田房子『閔妃暗殺――朝鮮王朝末期の国母』、新潮文庫、一九九三年
・久米邦武編『特命全権大使　米欧回覧実記』一、岩波文庫、一九七七年
・坂本一登『伊藤博文と明治国家形成――「宮中」の制度化と立憲制の導入』、講談社学術文庫、二〇一二年
・『昭憲皇太后実録』下、吉川弘文館、二〇一四年

・片野真佐子『皇后の近代』、講談社選書メチエ、二〇〇三年
・松本清張『対談　昭和史発掘』、文春新書、二〇〇九年
・森岡清美『華族社会の「家」戦略』、吉川弘文館、二〇〇二年
・原奎一郎編『原敬日記』第三～五巻、福村出版、一九六五年
・『財部彪日記――海軍次官時代』下、山川出版社、一九八三年
・『乃木神社由緒記』、乃木神社、二〇〇九年
・原武史『皇后考』、講談社、二〇一五年
・伊藤隆ほか編『牧野伸顕日記』、中央公論社、一九九〇年
・『昭和天皇実録』第三、東京書籍、二〇一五年
・「貞明皇后実録」、宮内庁宮内公文書館所蔵
・筧克彦『神ながらの道』、内務省神社局、一九二六年
・筧素彦『今上陛下と母宮貞明皇后』、日本教文社、一九八七年
・秩父宮雍仁親王「亡き母上を偲ぶ」『皇族に生まれて――秩父宮随筆集』、渡辺出版、二〇〇五年所収
・「倉富勇三郎日記」、国立国会図書館憲政資料室所蔵
・山川一郎『拝命――一侍医の手記』、山川かよ、一九七二年
・『本庄日記』、原書房、一九六七年
・原田熊雄述『西園寺公と政局』第五巻、岩波書店、一九五一年
・愛新覚羅浩『流転の王妃の昭和史』、新潮文庫、一九九二年

・伊藤隆ほか編『東条内閣総理大臣機密記録――東条英機大将言行録』、東京大学出版会、一九九〇年
・『昭和天皇実録』第七～第九、東京書籍、二〇一六年
・『陸軍　畑俊六日誌』（続・現代史資料4）、みすず書房、一九八三年
・中野正志『女性天皇論――象徴天皇制とニッポンの未来』、朝日選書、二〇〇四年
・折口信夫「女帝考」安藤礼二編『折口信夫天皇論集』、講談社文芸文庫、二〇一一年所収
・『入江相政日記』第八巻、朝日文庫、一九九五年
・『歩み――皇后陛下お言葉集』、海竜社、二〇〇五年

終章

・河西秀哉「美智子皇后論」吉田裕ほか編『平成の天皇制とは何か――制度と個人のはざまで』、岩波書店、二〇一七年所収
・遠藤周作『母なるもの』、新潮文庫、一九七五年
・中野重治『五勺の酒・萩のもんかきや』、講談社文芸文庫、一九九二年
・進藤久美子『市川房枝と「大東亜戦争」――フェミニストは戦争をどう生きたか』、法政大学出版会、二〇一四年

編集協力　澁川祐子
　　　　　小坂克枝
校閲　西田節夫
　　　大河原晶子
DTP　㈱ノムラ
著者写真撮影　田中みどり

原 武史 はら・たけし
1962年、東京生まれ。
放送大学教授、明治学院大学名誉教授。
早稲田大学政治経済学部卒業、
東京大学大学院法学政治学研究科博士課程中退。
専攻は日本政治思想史。
著書に『直訴と王権』(朝日新聞出版)、
『大正天皇』(朝日文庫、毎日出版文化賞)、
『昭和天皇』(岩波新書、司馬遼太郎賞)、
『完本 皇居前広場』(文春学藝ライブラリー)、『皇后考』(講談社)、
『日本政治思想史』(放送大学教育振興会)、
『団地の空間政治学』(NHKブックス)ほか多数。

NHK出版新書 529

〈女帝〉の日本史

2017(平成29)年10月10日 第1刷発行

著者 原 武史 ©2017 Hara Takeshi

発行者 森永公紀

発行所 NHK出版
〒150-8081東京都渋谷区宇田川町41-1
電話 (0570) 002-247(編集) (0570) 000-321(注文)
http://www.nhk-book.co.jp (ホームページ)
振替 00110-1-49701

ブックデザイン albireo

印刷 啓文堂・近代美術

製本 二葉製本

Printed in Japan ISBN978-4-14-088529-1 C0221

NHK出版新書好評既刊

23区大逆転
池田利道

都心の圧勝はいつまで続くのか。コスパ抜群の台東区・江東区、伸び代が大きい足立区・北区など、最新のデータから「次の勝者」を読み解く。

528

〈女帝〉の日本史
原 武史

神功皇后、持統天皇、北条政子、淀殿……女性権力者の知られざる系譜を明らかにする。東アジア諸国との比較を通して日本をとらえ直す野心作！

529

シリーズ・企業トップが学ぶリベラルアーツ 世界は四大文明でできている
橋爪大三郎

「キリスト教文明」「イスラム文明」「ヒンドゥー文明」「中国・儒教文明」。世界を動かす四大文明の内実とは？ 有名企業の幹部に向けた白熱講義！

530

いのちと味覚
「さ、めしあがれ」「イタダキマス」
辰巳芳子

いのちと味覚は不即不離。「生きていきやすく食べる」ための心得を、「畏れ」「感応力」「直感力」「いざのときを迎え撃つ」「優しさ」の五つの指標から説く。

531

藤井聡太 天才はいかに生まれたか
松本博文

史上最年少棋士にして、歴代最多連勝記録を更新した、恐るべき天才。本人や親族から棋士・関係者まで、豊富な証言からその全貌に迫る。

532